Mincir
selon ses rondeurs

Dr France Aubry

Mincir
selon ses rondeurs

Un diagnostic personnalisé

avec la collaboration de Ghislaine Grimaldi

Albin Michel

Ouvrage publié sous la direction de Laure Paoli

Afin d'être suffisamment précis, il était nécessaire de citer certaines marques commerciales. Ces citations sont faites à titre gratuit et ne constituent pas une appréciation sur les marques mentionnées.

Pour des raisons de lisibilité, nous avons choisi d'écrire les marques déposées avec une majuscule, sans les faire suivre du sigle ™.

Nous rappelons que la consommation d'alcool est fortement déconseillée aux femmes enceintes.

À ma tante Jeanne, dite Tante Pepé. Qu'elle trouve à travers ce livre l'expression de mon affection et de ma profonde tendresse.

À mes quatre B. Ils se reconnaîtront.

Aux femmes et aux hommes de mon cœur : Marc Abrassart, Daniel Marin, Christophe Navarre ; Anne, Françoise, Hélène, Luce, Michèle, Nicole.

À ceux et à celles qui m'ont accompagnée dans ma vie personnelle et professionnelle. Merci de leur confiance, de leur aide.

Je remercie les docteurs T. Aboudaram et J.-N. Colombani de leurs conseils précieux pour ce livre.

Sommaire

INTRODUCTION

Il semble qu'on en ait fini avec le modèle de l'extrême minceur et je m'en réjouis. Après les polémiques sur les mannequins trop maigres, depuis le printemps dernier, les magazines se mettent à vanter les formes harmonieuses. Tant mieux si on cesse de valoriser la maigreur, cela tombe bien : j'ai envie de vous réconcilier avec la rondeur, les rondeurs, pourvu qu'elles soient belles ! Plus de régime, nous dit-on, mais une alimentation gaie, équilibrée, variée qui permet aux femmes – et aux hommes – de concilier santé et beauté. À tout cela je ne peux que souscrire. Car la beauté et la séduction sont une préoccupation première, qu'on ait vingt ou soixante ans. Je le vois tous les jours dans mon cabinet.

Et ces jeunes filles, ces femmes assument de mieux en mieux leurs formes. La plupart ne courent plus derrière un 36-38 – même si elles ont encore la terreur de dépasser la taille 40 ! –, elles veulent un beau décolleté, un ventre rond et plat, des hanches dessinées, un joli derrière bombé, des cuisses musclées.

Mon rôle est d'aider mes patientes à se débarrasser des rondeurs disgracieuses, de celles qui fichent en l'air une silhouette – et, pour cela, parfois 3 à 4 kilos suffisent. Ceux qui vous font des hanches trop enveloppées, une poitrine un peu trop lourde, des jambes un peu trop infiltrées, un ventre trop rebondi…

Tous les kilos ont leurs points communs, mais ils ont surtout leur histoire particulière. Dans ce livre, je vais tenter de raconter les circonstances de leur apparition, la ou les façons de les éliminer et surtout d'éviter de les reprendre. Car, à travers mes consultations, à l'hôpital ou dans mon cabinet, j'ai appris et continue à apprendre que maigrir ou mincir est une première phase. Ne pas regrossir est la phase la plus décisive et la plus compliquée. Pour cela, il n'y a aucune solution miracle.

Et pourtant, au cours de mes trente années de pratique, j'en ai vu passer des méthodes, des diktats, des progrès incontestables aussi, des solutions qui n'en sont pas, et des médecins peu scrupuleux. Ceux que j'appelle les « obé-sologues » : ces médecins qui se fichent de la nutrition, et qui considèrent les patients, et surtout les patientes, comme un marché. Ceux qui proposent des forfaits « min-ceur » à 2 500 euros – on peut même payer à crédit ! – à coup de piqûres et de poudres miracles. Ces techniques fonctionnent sur quelques semaines, mais, après, les kilos reviennent, avec des copains en plus. C'est l'éternel et désespérant effet « yo-yo » que nous connaissons tous et toutes. Les femmes le savent, mais nous sommes parfois si crédules et si impatientes !

D'autres médecins sont de bonne foi en élaborant leur méthode dans leur laboratoire. Ils la croient infaillible, scien-tifique, valable pour tous, pour peu qu'on l'applique correc-tement. Mais ils ne sont pas face aux patients. Les praticiens, eux, ont leur savoir, celui qui résulte de leurs travaux, de leurs études, et surtout de leur expérience et de leur face-à-face avec leurs patients. L'une et l'autre ne coïncident jamais complètement.

Il est impossible de mettre un être humain en équation. Chacun, chacune possède son capital génétique, son ADN, son capital musculaire, osseux. Chacun, chacune a ses anté-cédents familiaux, personnels. Chacun, chacune est riche de son vécu ancien et présent. En résumé nous avons tous notre histoire. Celle du poids en fait partie.

Il ne peut donc y avoir de méthode convenant à tout le monde. C'est pourquoi tous ces régimes « révolutionnaires » ne sont pas la solution pour mincir et rester mince. Certes, il y a des facteurs communs aux patients mais chacun a une niche secrète qu'il faut savoir trouver.

Je suis donc pour un diagnostic personnalisé, sur mesure. Pas pour le prêt-à-porter. Pourtant, chaque année comme dans la couture, il y a ou il y a eu des modes dans la minceur. Je les ai connues : des plantes aux vertus magiques, des régimes de folie, des méthodes invraisemblables pour perdre rapidement vos bourrelets et vos kilos superflus avec les-quelles la carotte râpée était facturée au prix du caviar. Sachez qu'il n'y a pas de miracle. En tout cas pas encore. Mincir, maigrir, retrouver un poids en accord avec soi et son corps est un travail, un engagement singulier entre le patient et son médecin.

J'ai retenu les leçons du professeur Trémollières, chef de service à l'hôpital Bichat et apôtre de la nutrition : « On ne doit jamais décider d'un régime ou d'un éventuel traitement sans avoir regardé, écouté, interrogé, examiné, pesé, mesuré, pris la tension (examen du cœur, examen biologique), aidé et décidé le patient ou la patiente qui nous fait confiance à se prendre en main pour maigrir. Il est nécessaire de positiver la consultation sans promettre des résultats imaginaires. »

Presque insignifiante à ses débuts, la nutrition s'est taillée une place honorable dans le paysage médical, même si elle a subi parfois une médiatisation trop pressante.

Aujourd'hui, la discipline elle-même jouit d'une reconnaissance officielle (INPES[1], Comité national de l'alimentation), à cause notamment des problèmes de santé liés à l'alimentation (risques cardio-vasculaires, obésité infantile, etc.)

La recherche se penche sur la biologie des tissus graisseux (une véritable usine!), sur le rôle d'une hormone, la leptine, comme régulateur des prises alimentaires. Elle va du côté de la génétique, explore de nouveaux phénomènes biologiques.

En tant que praticien, je laisse les chercheurs chercher et je guette leurs découvertes, leurs conclusions, pour les mettre en pratique.

Certaines sont d'ores et déjà utilisables, comme le concept d'apports nutritionnels conseillés en qualité et en quantité, la mise en valeur des apports lipidiques... Ces notions sont du ressort du médecin. Trop d'informations mal gérées peuvent conduire à installer le chaos dans notre assiette.

Prenons un exemple central, celui des calories. Même si la référence aux calories est souvent nécessaire à notre enseignement, elle constitue une forme réductrice de la compréhension de la nutrition. Ainsi :
– 10 g de glucides fournissent 40 kcal ;
– 10 g de lipides 90 kcal ;
– 10 g de protéines 40 kcal.

C'est incontournable. Cette valeur est fixe, définitive. Mais les calories ne constituent pas une réponse idéale à la prise en charge globale du patient. Elles sont le symptôme des excès alimentaires et non celui des kilos en trop. On ne peut plus fonder ses prescriptions là-dessus.

_____

1. Institut national de prévention et d'éducation pour la santé.

Je développerai les notions importantes – comme le rôle des oméga 3 et 6, la notion d'index glycémique, dont on parle tant – de manière claire et utilisable.

Sur les solutions qui prétendent faire passer du 44 au 40 avec une certaine sérénité et à moyen terme, je ferai le point de la manière la plus objective possible. Ainsi que sur les techniques qui font disparaître graisse, plis et peau d'orange... Chaque printemps, elles nous inondent de leurs promesses et sont enterrées l'année suivante. Certaines sont parfois dangereuses (voir ces jeunes filles hospitalisées à la suite d'injections liquidiennes, bouffeuses de cellulite !), d'autres transitoires ou inefficaces.

Comme vous l'avez sans doute déjà compris, ce qui m'intéresse ce sont les personnes, mes patients : leur histoire, leur comportement, leur désir de séduction, leur âge, leur santé... Chaque consultation dure une heure car, avant d'agir, je veux tout savoir. Un nouveau bourrelet n'arrive pas par hasard. Si l'on ne sait pas l'analyser, pour en trouver l'origine, et corriger ce qui lui a permis d'apparaître, on est condamné à ce qu'il revienne...

Les médecins, les diététiciens découvrent les causes de la prise de poids, les prévoient, les analysent du mieux qu'ils peuvent. Ces causes sont multiples et souvent imbriquées. Même si les corps se ressemblent, les mécanismes qu'ils inventent défient parfois l'imagination et la bataille est difficile à gagner.

Ces causes, je pourrais en remplir un dictionnaire. Ce serait long, fastidieux... Je ne résiste pas à l'envie de vous livrer quelques lettres de mon abécédaire, parmi les plus courantes, qui se manifestent en nous envahissant de rondeurs et kilos superflus, surtout lorsqu'elles se conjuguent :

Alimentation, bien sûr, quand elle désordonnée, déséquilibrée.

Angoisse, qui nous fait nous jeter de préférence sur le sucre pour nous calmer.

Bonheur… de partager les plaisirs de la vie sans restriction.

Boulimie.

Choc affectif, où l'on tente de se rééquilibrer en utilisant la nourriture.

Chômage qui déstructure le temps, fait tourner en rond à la maison et nous dirige vers le frigo.

Difficultés de vie, qui nous font rechercher l'appui de ce qui semble sûr.

Ennui, **F**atigue, **F**ringale, **G**rignotage, **G**ourmandise se passent ici d'explications.

Hérédité.

Hormones de la puberté, de la grossesse, de la ménopause.

Laisser-aller.

Médicaments (certains antidépresseurs, la cortisone, ou certains antibiotiques, mais cela est transitoire).

Opérations chirurgicales (ablation des amygdales, de l'appendice ou de la vésicule biliaire).

Rupture, **R**etraite, **S**tress, **S**top tabac ou sport ; **V**oyage, **W**eek-end…

J'ai sauté quelques lettres et mon alphabet s'arrêtera ici. Tant pis pour la lettre **Z**, car le kilo zéro demeure un rêve ! C'est à partir de mon abécédaire que je vais vous raconter des histoires de poids, de mesures, de volumes, mais surtout de personnes.

En trente ans d'expérience, en milieu hospitalier et dans mon cabinet, j'en ai vu des hommes et des femmes, jeunes et moins jeunes, venir m'entretenir de leurs kilos en trop. Kilos plus ou moins importants et gênants pour leur santé, leur silhouette, leur joie de vivre. J'ai toujours essayé de les aider, de les comprendre, de les accompagner dans leur démarche d'amincissement.

D'autant plus, et cela ils ne le savaient pas, que la moitié de ma vie, j'ai été obsédée – le mot n'est pas trop fort – par le poids.

J'ai été une grosse petite fille : ma grand-mère m'a suralimentée car ma mère était gravement malade (invalide à cause d'une tuberculose osseuse). Et ma grand-mère pensait que beaucoup – trop – me nourrir allait me protéger de la maladie. Dans mon Berry natal, on mangeait certes des volailles mais aussi beaucoup de boudin, de porc, de ragoût de mouton, de pommes de terre, de fromages. C'était une alimentation saine, paysanne, mais très riche.

Une grande partie de ma vie, je me suis trouvée embarrassée par un poids parfois «fantôme» : je n'étais jamais assez mince devant mon miroir et dans mes tailles de vêtement. C'est pourquoi je suis capable d'entendre et de comprendre ces patientes qui viennent me consulter pour quelques milliers de grammes de trop. Je ne porte aucun jugement même si parfois leur attente me paraît déraisonnable. Pas facile de dire : « Jetez votre balance et vous serez guérie[1] », comme l'écrit très justement le docteur Xavier de La Cochetière. D'autant plus que j'ai fait partie de celles qui se pesaient matin et soir.

Cette démarche – patiente, attentive, pragmatique – je veux la mettre à la portée de chacun, de chacune, en lui apportant les fruits de mon expérience, sur le chemin vers

---

1. *Jetez votre balance, vous êtes guéri(e)*, Robert Laffont, 2008.

la réconciliation avec son corps, avec soi-même, pour le mieux-être.

La clé du succès ? Il faut prendre la nourriture comme une alliée et non comme une ennemie. Oui, manger est un aide-minceur, à condition de bien le faire, en respectant certaines règles. Il s'agit d'entrer dans un cercle vertueux. Changeons nos points de vue sur la nourriture : je ne parle plus de régime mais d'alimentation équilibrée. Elle peut être, elle doit être joie et bonheur.

Avant de venir me voir (ou de consulter un médecin nutritionniste), il faut avoir répondu pour soi-même au moins à ces questions : pourquoi je veux mincir ? Est-ce que je le veux vraiment ? Quel(s) bénéfice(s) vais-je en tirer ?

La décision vous appartient. À partir de là, il faut partir gagnant, en sachant que la route est longue, et faire preuve de patience. Vous devrez en effet :

– entreprendre au bon moment votre voyage vers la minceur ;

– accepter de modifier vos habitudes alimentaires en profondeur ;

– appliquer une stratégie qui vous sera propre (pas celle de votre meilleure copine) : chaque cas est différent ;

– prendre votre temps, pour ne pas regrossir et sans faire l'économie du temps de la stabilisation : il est égal au temps de l'amincissement ;

– garder les bonnes habitudes acquises pendant le temps de l'amincissement et retrouver les bons réflexes en cas de dérapages (j'en indique à mes patients).

Des principes mais pas rigides

Ils s'appliquent aussi bien à mes patients qu'à mes lecteurs :
• Manger régulièrement, en mastiquant, dans le calme.
• Faire un petit déjeuner. Si vous ne pouvez vraiment rien avaler le matin au réveil, vous pouvez prendre ce repas un peu plus tard dans la matinée : un fruit, un laitage, une tartine...
• Boire de l'eau mais pas trop : un litre et demi de liquide par jour suffit. Au-delà, il y a un risque de rétention et de mauvaise adaptation au niveau rénal.
• Faire 3 repas par jour. Mais si le déjeuner est peu important (manque de temps, c'est le soir que vous vous retrouvez tous en famille, et c'est ce repas qui est privilégié), tant pis, c'est le dîner qui sera le repas un (peu !) plus riche.
• Si vous avez un creux dans la journée, ayez toujours à portée de main un fruit frais avec un laitage ou, si vous êtes chez vous, un œuf dur ou une tranche de jambon avec 30 g de pain.
• Si vous faites un repas de « fête », ne sautez jamais le repas suivant mais compensez : protéines (fromage blanc, poisson poché) et un légume vert ou un fruit (je donne des exemples tout au long de ce livre).

LES ÉLÉMENTS DE NOTRE ALIMENTATION

Glucides, protides, lipides, fibres, vitamines, oligo-éléments : ces éléments doivent être apportés en quantité suffisante par notre alimentation pour couvrir chaque jour nos besoins, c'est-à-dire ce que notre corps (notre cerveau, nos muscles, nos os, nos viscères...) réclame pour fonctionner en bonne santé. Ni trop ni trop peu.

Dans ce domaine, les choses ont beaucoup évolué : il y a vingt-cinq ans, pour mincir, il fallait prendre peu de sucres lents, pas de sucres rapides, peu de gras, énormément de protéines animales et végétales.

Voici ce qu'il faut savoir aujourd'hui.

■ Les glucides

« Glucides », « hydrates de carbone », ou « polyols » sont des termes différents pour nommer ce que nous appelons dans le langage courant les sucres. Ils ont une action énergétique importante. Selon la vitesse à laquelle ils sont absorbés et assimilés, ils sont classés en deux catégories :

– les sucres rapides, qui sont des sucres simples, facilement et rapidement assimilés après leur ingestion. Ils procurent une énergie immédiate, donnent un coup de fouet (hyperglycémie) rapide mais éphémère pouvant créer ensuite une réaction inverse : une phase d'hypoglycémie avec « coup de pompe » ;

– les sucres lents, qui augmentent lentement la glycémie qui, après assimilation, redescend doucement, progressivement, évitant la réaction d'hypoglycémie.

Des études sérieuses ont montré que les sucres lents permettent d'obtenir un rassasiement plus important et une meilleure combustion des graisses. Bien entendu, il ne faut pas en abuser, tout est une question de mesure. Il est impératif de les associer dans un même repas à une double portion de légumes verts, pour que ceux-ci freinent la digestion et l'absorption intestinale. Par exemple, des pâtes *al dente* avec des tomates, du riz avec des courgettes ; ou encore des pommes de terre avec des épinards, des flageolets et des haricots verts...

Les sucres rapides sont présents bien évidemment dans le sucre, mais aussi dans les pâtisseries, les gâteaux secs, les confiseries, les sodas, toutes les boissons alcoolisées, le miel, les biscottes, le pain blanc et la plupart des céréales.

On trouve les sucres lents dans les pâtes, le riz, les lentilles, les haricots secs, la semoule, le boulgour, le pain au son complet, intégral, de seigle ; les flocons d'avoine ; la plupart des fruits, les pommes de terre cuites à l'eau, à la vapeur ou au four avec leur peau.

Mais attention au type de cuisson : en effet, les cuissons à très haute température transforment nos bonnes patates en sucres rapides dès lors qu'on les écrase, comme dans la purée ! Même résultat avec cuissons « express » pour le riz et les pâtes en sachet !

Quelques explications supplémentaires s'imposent.

L'index glycémique

Depuis les travaux fondateurs de l'équipe de David Jenkins et Thomas M.S. Woleve en 1981 (oui, on les connaît et on en parle depuis vingt-cinq ans!), les vocables «sucres lents» et «sucres rapides» ont laissé la place à l'«index glycémique». Il a de nouveau la vedette depuis quelques années.

L'amidon fournit à l'organisme le glucose dont il a besoin à une vitesse variable. L'index glycémique (IG) indique la vitesse à laquelle un aliment élève la glycémie dans le sang. L'IG ne concerne que les aliments «sucrés». Le glucose est le sucre de référence. Un IG bas élève peu la glycémie, un IG élevé la fait grimper à toute vitesse. Si elle descend trop vite, on se sent fatigué, c'est le coup de pompe assuré: on se précipite alors sur la nourriture, généralement sucrée, et c'est le cercle vicieux.

Toute la stratégie consiste à éviter les hausses brutales de la glycémie et à conserver une glycémie stable, en permettant à l'organisme de ne pas manquer de sucre: on parle ainsi d'apport de glucose «en continu».

S'appuyer sur l'index glycémique des aliments permet de composer un plan nutritionnel rationnel puisque tous les aliments n'ont pas les mêmes effets hyperglycémiants et hyperinsulinémiants. Par exemple, les lentilles (à l'IG bas) sont plus intéressantes que les pâtes qui laissent loin derrière elles la baguette de pain blanc (à l'IG élevé).

Si la glycémie est faible, l'insuline est produite en petite quantité. Nos adipocytes font des réserves de glucose et le libèrent dans l'organisme pour fournir l'énergie nécessaire à son bon fonctionnement. Au contraire, si la glycémie est élevée, l'insulino-sécrétion est abondante. C'est alors que cette hormone antilipolytique envoie son message à nos cellules graisseuses les adipocytes : « Stockez tout et ne libérez rien ! » Cet excès d'insuline intervient donc dans la prise pondérale en participant au stockage alimentaire dans nos adipocytes et freine le déstockage du gras. Comme vous l'avez compris, il est donc important de privilégier les aliments à index glycémique bas.

■ Le pain

C'est un élément fondamental et controversé de notre alimentation. Mis à l'index au milieu des années 1970, le pain a été réhabilité à l'aube des années 2000, paré de nouvelles vertus diététiques et gastronomiques. Aujourd'hui, le pain ne fait plus grossir, à condition de savoir le choisir et de le consommer en quantité limitée. De fait, la variété est telle qu'on trouve tout, le moins bon comme le meilleur.

Les pains en général présentent un intérêt nutritionnel certain :

– ils sont source de fibres ;

– leur teneur en protéines végétales est notable ;

– ils sont pauvres en sucres simples (3 %) et riches en sucres complexes (sous forme d'amidon) : 90 %. Les 7 % restants sont de l'eau ;

– leur valeur nutritive est sensiblement identique : le pain blanc représente 276 kcal pour 100 g, le pain complet 243 kcal ;

– dans tous les pains, il faut souligner une très faible teneur en lipides et en acides gras ; notons également la présence de vitamines B3, B6 et B9 ainsi que des micro-nutriments : potassium, fer, calcium, magnésium, manganèse. Voilà pour les généralités.

La compositions des pains

Le pain est composé de farines de blé tendre (classées en 5 types selon leur densité), de sel, d'eau potable, et de levain ou de levure de panification pour la fermentation.

On distingue officiellement six grands types de pains : le pain maison, le pain de tradition française, le pain au levain, le pain de campagne, le pain complet, le pain au son.

Ce qui compte du point de vue nutritionnel est le choix de la farine et de la cuisson. Trop de pains sont frelatés, additionnés de substances chimiques gênantes pour notre digestion : ce sont de « faux » pains. Pour moi qui aime le pain et respecte mon boulanger, je choisis du pain préparé au levain. Pourquoi ? Parce qu'il est plus digeste et que son index glycémique est plus bas. Je le choisis en fonction de son aspect doré, mais aussi de sa mie, je veux qu'elle soit dense ou serrée. Je sais que ce pain est riche en sucres lents, riche en fibres, en magnésium et en vitamines du groupe B.

Attention aux pains industriels, qu'il s'agisse de pains de mie blancs, complets ou de pains tranchés au son. Tous ceux-là sont trop riches en sucres et en matières grasses. Certaines baguettes industrielles à la farine toute blanche, à l'apparence aérée et légère, peuvent, elles aussi, contenir des additifs.

Il est important de savoir reconnaître un bon pain et de pouvoir faire confiance à son boulanger. En fait, de bien le choisir.

Dans la même catégorie que les pains, les biscottes sont à éviter car elles sont trop riches en graisses et en sucres. Même remarque pour les pains des pays nordiques, les galettes de riz, le pain azyme : pour obtenir une texture croustillante, le blé subit de nombreux traitements industriels qui transforment les glucides lents en sucres rapides, néfastes d'un point de vue diététique.

■ *Les lipides*

Les lipides sont les nutriments les plus caloriques : 9 kcal par gramme de graisse contre 4 kcal pour les glucides et les protides.

Bien que souvent décriés parce qu'ils sont mal connus ou associés à de nombreux dérèglements métaboliques, les lipides sont un élément important de notre alimentation tant sur le plan qualitatif que quantitatif. Ils sont principalement représentés par les triglycérides.

Pour bien vivre, il nous faut du gras : les lipides sont indispensables à notre organisme, à notre cerveau, à notre peau. Mais point trop et pas n'importe lesquels : « Le trop gras fait le trop gros. » Et puis, il est utile de savoir que les matières grasses rendent les glucides lents encore plus lents. Associés, ils abaissent la sécrétion d'insuline. Les matières grasses ralentissent le passage des aliments dans l'estomac vers l'intestin d'où réduction de l'index glycémique des repas. Mais, attention, en période d'amincissement, pas question de dépasser 1 cuil. à soupe d'huile ou 1 cuil. à café de beurre par repas, ou leurs équivalents allégés.

---

10 grammes de lipides correspondent à :

1 cuil. à soupe rase d'huile (maïs, tournesol, olive, colza, etc.).
1 cuil. à soupe rase de margarine.
1 cuil. à soupe rase de beurre ou 2 noisettes de beurre.
2 cuil. à soupe rase de crème fraîche.
2 cuil. à soupe rase de vinaigrette allégée.
2 cuil. à soupe rase de crème fraîche allégée à 15 % de MG.
2 cuil. à soupe rase de mayonnaise allégée.
2 cuil. à soupe rase de beurre allégé ou de margarine allégée.

Maintenant à vos sauces, à vos poêles, à vos fours ! Et puis, n'oublions pas que ces matières grasses donnent meilleur goût à nos aliments.

Saturés ou pas ? Mono ou polyinsaturés ?

Les différentes familles d'acides gras sont constituées de chaînes d'atomes de carbone.

Il existe une première classification selon la longueur de la chaîne (acides gras à chaîne courte, moyenne, longue), mais la classification la plus simple est celle entre les acides gras saturés (les mauvais gras, car associés à des risques cardio-vasculaires) et les acides gras insaturés mono et polyinsaturés.

Les acides gras saturés sont présents dans de nombreux aliments d'origine animale et végétale : le lait et les produits laitiers (fromages et beurre), la viande grasse, les charcuteries, l'huile de coprah (huile extraite de l'amande coco), les avocats, les olives.

L'excès de graisses animales double les risques d'altération des artères.

Les acides gras mono-insaturés, dont le représentant majeur est l'acide oléique, sont présents dans les huiles végétales : arachide, tournesol, olive, colza, lin et les margarines. Les acides mono-insaturés sont à préférer aux acides saturés.

Les acides gras polyinsaturés, l'acide linoléique et l'acide alpha-linoléique sont les meilleurs et les indispensables à notre santé.

Oméga 3, oméga 6 ?

On trouve l'acide alpha-linoléique (de la famille des oméga 3) dans l'huile de colza, de noix, de soja, dans certains produits laitiers et, surtout, dans les poissons gras : thon, hareng, sardine, saumon. L'acide linoléique (de la famille des oméga 6) est présent dans l'huile de maïs, de tournesol et de pépin de raisin.

Pour la santé, quitte à me répéter, nos besoins quotidiens en oméga 3 protecteurs du cœur, des artères et du cerveau sont couverts par l'apport de 1 à 2 cuil. à soupe d'huile de colza. Pas besoin de compléments alimentaires coûteux. L'idéal pour une vinaigrette est le mélange huile d'olive, huile de colza.

En revanche, faites attention à l'excès de matières graisses végétales trop riches en oméga 6 : margarines, huile de tournesol, de maïs, de pépins de raisin, huiles combinées qui pourraient, elles aussi, être nuisibles à notre santé. Pendant des années, on a vanté les mérites de ces bonnes graisses végétales. Les oméga 6 sont présents en quantité importante dans notre nourriture (les animaux que nous mangeons consomment ces végétaux). Un excès d'oméga 6 contrecarre les bienfaits des oméga 3. Sachant que nous consommons en moyenne dix à quinze fois plus d'oméga 6 que d'oméga 3, l'idéal serait de réduire de plus de la moitié notre apport en oméga 6. Comme quoi les avancées scientifiques remettent en cause les vérités établies de la veille ou de l'avant-veille.

Ce qu'il faut retenir

Les acides gras ont un rôle énergétique bien connu. Ils possèdent aussi des fonctions essentielles d'autant que certains ne sont pas synthétisés par notre organisme. L'important est de réduire l'apport des acides gras saturés et d'améliorer le rapport entre oméga 3 et oméga 6 dans notre alimentation.

■ *Les protéines*

Sans elles, pas de vie, elles constituent la trame du corps. Les protéines sont des bâtisseuses qui servent à entretenir tous les tissus de l'organisme.

Elles sont constituées d'acides aminés, c'est-à-dire de corps azotés.

On dit qu'une protéine a une bonne valeur nutritionnelle lorsqu'elle est bien équilibrée en acides aminés. Les protéines animales, de bonne qualité, sont bien adaptées aux besoins de notre organisme. Les protéines végétales présentent un équilibre en acides aminés mal adapté à ces besoins. Par exemple, les protéines des légumes secs comportent un déficit en cystéine et en méthionine, des acides aminés soufrés. Quant aux céréales, il leur manque de la lysine, un autre acide aminé.

Pour bien vivre, il faut donc associer pour moitié protéines animales et végétales.

Le bon fonctionnement de notre corps exige 1,2 g (pour les femmes) à 1,5 g (pour les hommes) de protéine par jour et par kilo de poids.

On trouve 19 grammes de protéines animales dans :

100 grammes de viande
ou
50 cl de lait
ou
4 yaourts nature
ou
100 grammes de poisson ou de crustacés
ou
150 grammes de coquillages
ou
2 gros œufs ou 3 petits
ou
60 grammes de gruyère
ou
80 grammes de jambon.

Les protéines fournissent très peu d'énergie : 1 gramme de protéine donne 4 kilocalories. Ce sont les aliments les plus satiogènes, ils sont digérés très lentement, en particulier la viande.

Les viandes

Viandes rouges, blanches, volailles sont source de protéines indispensables à l'organisme. Elles sont riches en fer et en vitamines B12. Les viandes rouges ne sont pas spécialement grasses contrairement à la rumeur. Mieux vaut choisir les morceaux les plus maigres c'est-à-dire le bifteck, le rosbif, les steak haché à 5 % de MG.

Pour le *porc*, prendre du filet maigre.

Pour le *veau*, l'escalope, la côte dans le filet, le filet.

Pour les *abats* : le foie, le rognon, le cœur ; mais ils ne sont pas recommandés aux personnes atteintes d'hyperuricémie (taux d'acide urique élevé).

L'agneau est une viande grasse quel que soit le morceau : il ne faut pas en abuser.

Les *volailles* sont à privilégier : la dinde, le poulet, la pintade. La viande de *dinde* est fort intéressante du point de vue nutritionnel. Pour 100 g, moins de 115 kcal tous morceaux confondus : c'est la viande minceur par excellence ! Elle contient des protéines bien sûr, très peu de lipides (2,5 g pour 100 g) et des acides gras insaturés dont on connaît le rôle dans la prévention des maladies cardio-vasculaires. Elle contient également du magnésium, du fer, des vitamines du groupe B. Toutes ces qualités la rapprochent d'un poisson maigre, comme la truite.

Les poissons

Ils sont particulièrement recommandés dans une alimentation amincissante : ils sont pauvres en graisses, riches en protéines, en fer, en vitamine B12. N'hésitez pas à consommer du poisson (y compris surgelé), tels le colin, le cabillaud, le bar, la limande, la sole, le lieu, le haddock fumé, la raie, le merlan, le merlu. Les poissons « gras » sont source d'oméga 3, des graisses bénéfiques pour le cœur, le système artériel et le cerveau. À privilégier donc : les anchois frais ou en conserve, le hareng frais ou fumé, le maquereau frais ou au vin blanc, l'espadon, le flétan, le saumon frais ou fumé (au citron et sans crème ni blinis), le thon frais ou en conserve au naturel, le turbot, les sardines fraîches ou en conserve à la tomate. Mais pas de sardines ni de thon ni d'anchois à l'huile. Pas plus que de rollmops à la crème.

Même chose pour les *fruits de mer* : tout ce que vous voulez mais sans crème, ni beurre ni mayonnaise. Pas de crevettes en beignet, de calamars frits, d'escargots farcis de beurre et d'ail...

Pour moi, l'idéal est de consommer du poisson frais, surgelé ou en boîte 5 fois par semaine. C'est un aliment idéal pour les végétariens.

Attention : on ne peut pas remplacer les viandes et les poissons par des sachets protéinés. Je parle de ces derniers dans le chapitre consacré aux régimes amincissants (p. 61).

Le lait et les laitages

Ils méritent qu'on s'y attarde car ils suscitent des interrogations, voire des polémiques. Pour ma part, je leur trouve de grands mérites, à condition de bien les utiliser.

Le lait est un nutriment liquide de grande qualité provenant de la traite de mammifères en bonne santé. Outre le lait maternel, les principaux laits sont le lait de vache, de chèvre, de brebis, de buffle (qui sert à préparer la célèbre mozzarella italienne), voire de jument ou d'ânesse. Lorsque son origine n'est pas précisée, le terme générique « lait » correspond au lait de vache. Le lait est un aliment complet et calorique (65 kcal pour 100 g pour le lait de vache, 72 kcal pour le lait de chèvre). Il contient :

– des protéines riches en acides aminés essentiels ;

– des lipides faciles à digérer ;

– du lactose, sucre composé de glucose et de galactose (constituant important du tissu nerveux) ;

– des sels minéraux : calcium et phosphore ;

– des vitamines : A, D, E et celles du groupe B.

Il est pauvre en fer et en vitamine C.

Le lait subit des traitements pour détruire les germes pathogènes et pour diminuer de façon plus ou moins forte la flore bactérienne qu'il contient. On distingue plusieurs sortes de lait.

Le lait cru : il se dégrade vite et facilement sous l'action des micro-organismes et peut être dangereux s'il n'est pas consommé très frais.

Le lait pasteurisé : ce n'est pas un lait stérile. Il a subi un traitement thermique de 75 à 80 °C de courte durée, pendant 15 à 20 secondes. Il doit être conservé au réfrigérateur et consommé rapidement, au maximum dans les 6 à 7 jours.

Le lait stérilisé : il est chauffé jusqu'à 115-120 °C. Il se conserve plusieurs mois à température ambiante. Mais si la bouteille est entamée, elle se garde 48 heures maximum au réfrigérateur.

Le lait longue conservation ou UHT (ultra-haute température) : pendant 3 à 6 secondes il a été soumis à une très haute température. On peut le garder plusieurs mois à température ambiante. Après ouverture, le conserver au réfrigérateur pendant une semaine.

Le lait vitaminé: c'est un lait UHT additionné de vitamines de synthèse, tout particulièrement de la vitamine D. Il présente de l'intérêt pour les personnes souffrant d'ostéoporose.

Il y a aussi le lait en poudre (pratique), le lait désodé (sans sel, pour les personnes hypertendues ou sous cortisone), le lait concentré (généralement trop sucré).

On classe aussi les laits en fonction de leur teneur en matières grasses :
– le lait entier contient 3,6 % de MG ;
– le lait demi-écrémé, entre 1,50 et 1,85 % ;
– le lait écrémé, moins de 0,30 %. Mais ce dernier est pauvre en vitamines A, D, E et K. Elles sont éliminées avec les matières grasses lors de l'écrémage. C'est pourquoi je ne l'utilise pas dans mes programmes diététiques, sauf en cas d'hypercholestérolémie importante.

	Lait entier (100 g)	Lait demi-écrémé (100 g)	Lait écrémé (100 g)
Calories	63 kcal	49 kcal	33 kcal
Cholestérol	14 g	3 g	2 g
Protéines	3,2 g	3,5 g	3,4 g
Lipides	3,7 g	1,8 g	0,2 g
Glucides	4,6 g	5 g	4,7 g

L'intolérance au lait

C'est un sujet de polémique. De quoi parle-t-on au juste ? La véritable intolérance au lait se rencontre lorsque l'organisme, du fait d'une anomalie génétique, est incapable de synthétiser la lactase nécessaire à l'hydrolyse[1] du lait. La lactase étant l'enzyme de la muqueuse intestinale présente surtout chez l'enfant qui transforme le lactose (glucide du lait) en glucose et en galactose. Ce problème est beaucoup plus fréquent chez l'enfant que chez l'adulte.

Le lait entier ou le lait cru n'est ni une boisson ni un aliment pour les adultes et les adolescents. Sans parler de véritable intolérance, il entraîne souvent des troubles digestifs et intestinaux de type ballonnements, lourdeurs, crampes gastriques, flatulences, diarrhées. Personnellement, je conseille et ne bois que du lait demi-écrémé. Je ne l'impose jamais aux personnes qui le digèrent mal ou qui n'en aiment pas le goût.

Autre précision sur le lait : ne croyez pas qu'il possède des propriétés désintoxicantes et purifiantes. N'en buvez pas en cas d'empoisonnement. Par exemple, boire du lait en cas d'intoxication par le plomb est à proscrire. L'association plomb plus protéines de lait constitue un danger car elle facilite la pénétration de plomb dans l'organisme. En cas d'ingestion d'un produit ménager agressif, ne donnez pas de lait. Cela ne ferait qu'augmenter le volume du liquide agressif en contact avec les muqueuses.

Le yaourt

C'est un produit laitier préparé à partir du lait pasteurisé entier, demi-écrémé ou écrémé. Il est ensemencé avec deux ferments : le *Lactobacillus bulgaricus* et le *Streptococcus thermophilus*. La fermentation, qui dure entre 6 et 24 heures,

---

1. Hydrolyse : décomposition de certains composés chimiques par l'eau.

entraîne des transformations chimiques des protéines et du lactose. Ce lactose est hydrolysé en glucose et en galactose. Glucose et galactose sont à leur tour transformés, particulièrement en acide lactique. Il est donc toléré par les personnes « allergiques » ne pouvant digérer le lait car il permet l'absorption du lactose grâce à ses ferments vivants qui en facilitent la digestion et réduisent les risques d'intolérance.

Le yaourt est riche :

– en protéines ;

– en calcium (1 pot fournit 180 à 200 mg de calcium, ce qui correspond à 15 à 25 % de l'apport journalier conseillé) ;

– en vitamines du groupe B et en minéraux.

Il est plus ou moins riche en lipides, selon la sorte.

Le yaourt nature : mon préféré car sa composition est excellente (pour 100 g : 4,3 g de protides, 1, 2 g de lipides, 5 g de glucides, 50 kcal et 148 mg de calcium), et son prix abordable.

Le yaourt à 0 % : nature ou aux fruits. Attention, parmi ces derniers, certains sont sucrés. Il a perdu ses vitamines comme le lait de même catégorie.

Le yaourt entier : nettement plus riche en matières grasses que le yaourt nature. Le yaourt au lait de brebis appartient à cette catégorie.

Le yaourt bulgare : deux fois plus gras que le yaourt nature.

Le yaourt grec : cinq fois plus gras que le yaourt nature.

Le yaourt au bifidus normal, ou à 0 % : le normal est plus gras qu'un yaourt nature, celui à 0 % est riche en ferments lactiques, importants pour la digestibilité.

Les yaourts aux fruits : souvent trop sucrés.

Les yaourts aromatisés : même remarque que pour les précédents.

Les fromages blancs

Comme le lait (et les yaourts) ils sont riches en protéines, source de calcium et de sels minéraux. Ils peuvent parfois remplacer le poisson ou la viande dans un repas. Ils sont d'ailleurs plus rassasiants que les yaourts. Mais pour certaines personnes, ils sont plus difficiles à digérer.

Les fromages blancs légers :
– nature à 20 % de MG : mon préféré parce qu'il est bien équilibré en protéines, en calcium et en graisses ;
– nature à 0 % de MG : perte des vitamines et peu de gain calorique par rapport à celui à 20 % de MG ;
– aux fruits à 0 %, sucré à l'aspartam (pêches, mangues, fraises, framboises).

Les plus riches :
– le cottage cheese ;
– le fromage blanc à 40 % de MG ;
– le fromage blanc en faisselle à 40 % de MG ;
– les fromages de type Fjord ou Gervita sont, eux aussi, à 40 %.
Les petits-suisses sont des fromages blancs, généralement à 40 %, mais on en trouve aussi à 20 %, voire à 0 %.

Les fromages

Ils appartiennent évidemment aux produits laitiers, ils sont la fierté de nos régions, mais si vous avez du poids à perdre, ce pourquoi vous lisez ce livre, attention à eux. Ils sont gras. Bien sûr, il existe des fromages allégés, mais à mon avis, et surtout à mon goût, ils sont nettement moins bons. À vous de voir. En période d'amincissement, je vous conseille non pas de supprimer totalement le fromage, mais de le limiter à deux ou trois fois par semaine, au déjeuner. Et au petit déjeuner, car il est riche en protéines et en calcium. Choisissez si possible du chèvre à pâte molle, du fromage type carré frais Gervais ou saint-moret.

Pour en finir avec le soja

Pourquoi un paragraphe sur cette plante à la suite d'un développement sur le lait ? Et pourquoi sous un titre polémique ? Parce que j'en ai assez qu'on nous fasse avaler n'importe quoi – c'est le cas de le dire.

Prenons les choses dans l'ordre : cette plante herbacée originaire d'Extrême-Orient appartient à la famille des légumineuses. Elle est cultivée dans tous les pays asiatiques. Au cours des dernières années, elle s'est développée massivement aux États-Unis. Dans l'alimentation, ce sont les graines de soja qui sont utilisées. Ces graines sont riches en protéines végétales (40 % environ), en lipides (20 %), en glucides (20 %). Elles contiennent aussi du fer, du calcium, de l'iode et du phosphore.

Le soja est un aliment hypercalorique contenant des protéines de bonne valeur biologique. On le consomme frais, comme tous les légumes graines. Il sert aussi à la fabrication de nombreux produits dérivés :

– *la farine de soja :* utilisée comme complément protéiné dans de nombreux aliments comme les plats à base de tofu que l'on mélange à des légumes, des céréales, des soupes, des poissons ;

– *l'huile de soja :* la plus répandue dans le monde. Elle est riche en acides gras polyinsaturés (acide linoléique) ce qui est fort intéressant. En revanche, elle est impropre à la cuisson et à la friture car ses composants se dégradent et s'oxydent. Elle est riche en lécithines (lipides phosphorés complexes) extraites par raffinement, qui sont utilisées par l'industrie alimentaire comme émulsifiants en particulier pour la préparation des mayonnaises, du chocolat, etc. ;

– *le lait de soja :* c'est la grande mode alimentaire, et c'est là qu'on voudrait nous faire avaler n'importe quoi : le lait de soja n'a strictement rien de comparable aux laits de vache, de chèvre ou de brebis. Si les personnes intolérantes au lactose, le sucre de lait, peuvent l'utiliser comme succédané, pourquoi pas, à condition que cette intolérance soit réelle. Mais on ne peut faire aucune comparaison nutritionnelle avec le lait. Le lait de soja, grande réussite marketing, est préparé en faisant tremper des graines de soja dans l'eau, en faisant cuire le mélange et en le mixant pour obtenir une pâte épaisse, opaque ressemblant aux laits de nos animaux. Pour moi, comparer ou substituer le lait par le lait de soja est une hérésie, sauf évidemment si la personne souffre d'une intolérance franche au lait animal. Bien évidemment, par voie de conséquence, ces réflexions valent pour les yaourts au soja, d'autant qu'il n'y a aucune fermentation possible pour le soja, contrairement aux yaourts de lait. Ils ont aussi une place de choix dans les magasins dit « de régime » et dans les grandes surfaces. La législation a remis de l'ordre pour mettre fin aux abus. On parle dorénavant de « préparation à base de soja » ;

– *la sauce soja* est fabriquée à partir d'extrait de soja et de sel. Elle est très parfumée et utilisée dans les marinades de la cuisine chinoise. Attention, elle est très salée et parfois enrichie en sucre.

■ *Les fibres*

D'origine essentiellement végétale, très peu caloriques, elles ont un effet protecteur contre le cancer du côlon en réduisant le temps de transit des selles et en modifiant la flore microbienne de l'intestin. Elles transportent également des vitamines et des sels minéraux et jouent un rôle bénéfique sur le taux de glucide et le cholestérol. Globalement nous devons en consommer davantage pour éviter les problèmes de transit.

On distingue deux sortes de fibres :

– les *fibres solubles*, présentes dans les abricots secs, les pruneaux, les pêches, les mangues, les bananes, les oranges, les figues sèches. Mais aussi dans les choux de Bruxelles, les carottes, les épinards, les pommes de terre vapeur. Ou encore dans les légumes crus comme les laitues, les tomates et les poireaux, ainsi que dans le son d'avoine. Au contact de l'eau, ces fibres se transforment en une sorte de gel qui, au niveau de l'estomac, permet l'absorption de certains nutriments ;

– les *fibres insolubles*, présentes dans le son de blé, le pain complet, les amandes, les lentilles, les dattes, les petits pois et les pois chiches. On les appelle cellulose, hémicellulose, lignine. Elles ne sont pas digérées par les bactéries de l'intestin mais augmentent le volume des selles et facilitent le transit intestinal.

■ *Les vitamines*

Ces substances organiques que notre organisme ne fabrique pas nous sont apportées par l'alimentation, à l'exception de la vitamine D, que nous synthétisons lorsque nous nous exposons au soleil. Elles sont indispensables au bon fonctionnement de notre corps. Grâce à elles, nous respirons, notre sang circule, nos échanges s'opèrent. Pour que notre organisme se porte bien, il en faut une certaine dose, à ne pas dépasser, sinon certaines vitamines peuvent devenir toxiques. Enfin, ajoutons que les vitamines n'apportent aucune calorie.

Les vitamines se rangent en deux catégories :

– les *hydrosolubles*, qui se dissolvent dans l'eau : c'est le cas de la vitamine C, de celles du groupe B et de la PP ;

– les *liposolubles*, qui fondent dans les lipides et n'existent que dans la graisse de certains aliments : les vitamines A, D, E, K.

Une alimentation diversifiée est indispensable afin de couvrir nos besoins quotidiens en vitamines.

La vitamine A

La *vitamine A* (ou rétinol), indispensable à la vision, et à la bonne santé de notre peau. Elle lutte contre les radicaux libres. On la trouve dans de nombreux aliments, particulièrement les poissons gras, les matières grasses des produits laitiers, certains légumes et certains fruits.

Les vitamines B

Il existe 8 vitamines du groupe B :

– la *vitamine B1* ou thiamine, qui intervient dans la transformation des sucres rapides. Présente dans les lentilles, le riz, la viande, le poisson, le foie, le pain… ;

– la *vitamine B2* ou riboflavine, qui joue les transporteurs au cours de réactions chimiques de l'organisme. Présente dans le lait, les œufs, les légumes verts, le foie ;

– la *vitamine B3* ou *PP* ou acide nicotinique (rien à voir avec la cigarette !), qui intervient dans la chimie de certains composés du cholestérol. On la trouve dans les levures, le blé entier, la farine, le maïs, la viande, le foie ;

– la *vitamine B5* ou acide pantothénique, qui participe à la fabrication de notre énergie. À rechercher dans le jaune d'œuf et le foie, les céréales, les légumes, les fruits, les viandes et les laitages ;

– la *vitamine B6* ou pyridoxine, qui intervient dans de nombreuses réactions des acides aminés, les éléments qui composent les protéines. Les cacahuètes en regorgent mais il y en a aussi dans les céréales, les viandes, le foie, le lait et les œufs ;

– la *vitamine B8* ou biotine, fabriquée par notre flore intestinale. Quand celle-ci vient à manquer, notre peau devient terne, nos cheveux tombent. Certaines gélules constituent des traitements efficaces, parlez-en avec votre pharmacien ;

– la *vitamine B9* ou acide folique, qui réussit elle aussi des combinaisons chimiques très compliquées et fort utiles ! On la trouve dans les céréales, les œufs, les légumes, la viande ;

– la *vitamine B12*, qui agit dans la transformation des acides aminés et sur l'élaboration de l'ADN. Présente surtout dans le foie, les poissons gras et le lait.

La vitamine C

Dénommée aussi acide ascorbique. Elle combat la fatigue et les états grippaux, et part en guerre contre les radicaux libres. Les agrumes, les baies, le persil, les asperges, le cresson, les épinards, les choux-fleurs en sont particulièrement riches.

La vitamine D

Dénommée aussi calciférol. Elle aide le tube digestif à absorber le calcium et participe à la synthèse du tissu osseux. Lorsqu'on s'expose à la lumière solaire, l'un des éléments chimiques du corps (un dérivé du cholestérol) se transforme en calciférol. On trouve la vitamine D dans les huiles de poisson et le foie, le lait, le jaune d'œuf, le beurre, les champignons.

La vitamine E

Protectrice de nos cellules, elle combat les radicaux libres qui les attaquent. C'est la vitamine antistérilité et antivieillissement. Présente dans le lait, les huiles d'olive et d'arachide, le beurre, le foie, la viande, la banane.

La vitamine K

Elle tient un rôle important dans la coagulation san-guine. Les aliments les plus riches sont les choux, les épinards, la scarole, la laitue, le brocoli, le foie, les œufs, la viande de bœuf.

■ *Les oligoéléments*

Ce sont des éléments minéraux nécessaires à notre organisme car ils interviennent dans la transformation des aliments, participent au renouvellement des tissus et renforcent nos défenses contre les infections. Une alimentation diversifiée suffit à couvrir nos besoins. Certains de ces minéraux revêtent une importance particulière.

Le *calcium*, tout d'abord, que l'on puise dans les laitages, indispensable pour constituer et maintenir le tissu osseux.

Le *chrome*, qui agit sur le métabolisme des sucres et des graisses. Présent dans les fruits de mer, les œufs, la levure de bière, les pommes de terre, les champignons, les betteraves.

Le *fer* qui participe à l'élaboration de l'hémoglobine. Présent dans le foie, les viandes rouges, les huîtres, les œufs...

Le *sélénium*, protecteur contre les radicaux libres et qui renforce les défenses immunitaires. Vous le trouverez dans le thon, la morue, les huîtres, les harengs, les produits laitiers, les choux et les brocolis...

Le *cobalt* stimule la fabrication des globules rouges (présent dans le poulet, le thon, le jaune d'œuf, le chou...).

Le *cuivre* (surtout dans les huîtres, le foie, les légumes verts, le soja) est un anti-infectieux et un anti-inflammatoire.

Le *fluor* est essentiel dans la prévention de la carie dentaire. Il aide à consolider les os fracturés (présent dans l'eau du robinet, les algues et les fruits de mer).

L'*iode* (que l'on trouve dans les fruits de mer, poissons et crustacés, le sel de mer) est indispensable au fonctionnement de la thyroïde.

Le *lithium* (dans l'eau de mer, la viande, les plantes) travaille à la stabilisation des membranes cellulaires et traite les états anxieux.

Le magnésium agit de manière bénéfique sur la cellule nerveuse (il est présent, par exemple, dans de nombreux fruits et agrumes et dans le chocolat).

Le *manganèse* (dans le jaune d'œuf et les légumes verts) est anti-inflammatoire.

Le *molybdène* prévient les caries dentaires et aide le foie et les reins à bien fonctionner. On le trouve dans les légumes, les céréales et la viande.

Le *nickel* joue une rôle dans l'assimilation des lipides et la digestion des glucides, il participe également à la transformation et l'assimilation du fer (lentilles et riz complet, betteraves et épinards).

Le *phosphore* : il y en a partout (avocat, fromage, poisson viande…) et même dans le chocolat. Il permet de stocker et de libérer rapidement de l'énergie, et il protège la mémoire.

Le *potassium* organise et régule l'ensemble des oligo-éléments : les bananes en sont riches, mais elles contiennent aussi beaucoup de sucre ; on le trouve dans le chocolat, à consommer avec modération.

Le *silicium* assure la vigueur de nos muscles et de notre peau (dans le riz et les légumes).

Le *soufre* est l'un des constituants de nos protéines, dont la kératine de nos ongles et de nos cheveux (dans les œufs, les oignons, l'ail et la ciboulette). Il soigne l'eczéma, l'urticaire…

Le *vanadium* prévient les caries et lutte contre l'excès de cholestérol (à nous les céréales, les petits pois ou les fruits de mer mais aussi l'eau du robinet, tout simplement).

Le *zinc*, qui stimule nos défenses immunitaires, est un excellent cicatrisant (si vous n'aimez pas les œufs en gelée, un rôti de bœuf fera l'affaire, avec une poêlée de champignons).

◼ *L'eau et les boissons*

L'eau

Peau et eau riment ensemble. Si vous ne buvez pas un minimum d'eau, votre peau sera sèche et déshydratée, et la meilleure des crèmes hydratantes n'aura aucun effet car elle ne fait qu'empêcher l'eau de surface de s'évaporer.

Les mouvements d'eau dans l'organisme défatiguent car la cellule ne vit que d'eau. Pas d'eau, pas de vie.

À l'inverse, je ne suis pas pour un excès d'eau. Surtout si vous êtes sujette à la rétention et à la cellulite. Attention dans ce cas au type d'eau que vous buvez : beaucoup d'eaux minérales sont trop salées. La vigilance s'impose encore plus si vous êtes sujet(te) à l'hypertension artérielle.

L'équilibre est important. Je prends souvent l'exemple d'une plante : vous ne l'arrosez pas, elle meurt. Vous l'arrosez trop, elle pourrit. Des conseils – excessifs comme souvent – nous étaient venus des États-Unis, nous enjoignant de boire trois litres d'eau par jour ! Actuellement, l'excès inverse nous vient d'outre-Atlantique : on devrait se contenter de trois verres !

Pour moi, il est bénéfique de consommer six grands verre d'eau par jour, soit un litre.

Pourquoi boire de l'eau au réveil ?

Dans la nuit, on se déshydrate. L'idéal est de se lever, d'uriner, et de boire un grand verre d'eau à la température de la pièce. Puis de se recoucher sur le côté droit (région hépatique) pendant 10 à 15 minutes afin de faciliter toutes les fonctions digestives pendant la journée.

Les jus de fruit

Les jus de fruits peuvent être des ennemis pour votre ligne, même ceux que l'on présente sous l'appellation 100 % pur jus. Pourquoi ? Parce que la réglementation autorise jusqu'à 15 % de sucre dans ces jus de fruits. Ce qui n'est pas anodin. Il faut donc bien lire les étiquettes, car cet ajout doit être mentionné.

De même, je préfère que vous mangiez une orange ou un pamplemousse plutôt que de le presser. Car le jus calme moins bien l'appétit.

Cela dit, deux jus ont mes faveurs :

– le jus du citron, car il est riche en vitamine C et pauvre en fructose, donc pauvre en calories ;

– le jus de tomates, qui cale bien en apéritif, et qui contient du lycopène, protecteur contre les maladies cardio-vasculaires.

Les sodas

Ils sont catastrophiques dans un régime amincissant car le sucre qu'ils contiennent sous forme liquide passe rapidement dans l'estomac et déclenche une hyperinsulinémie. Boire des boissons sucrées entraîne à consommer plus de calories et à stocker des nutriments de manière plus importante. Ces deux mécanismes conjugués provoquent une prise de poids. Il faut donc éviter tous les sodas et les limonades, qu'ils soient aromatisés aux fruits ou pas, amers ou pas. De même pour les nectars de fruits, les boissons aromatisées au thé, et tous les sirops.

Les boissons *light*

Dans ces boissons, le sucre est remplacé par un édulcorant ou un mélange d'édulcorants. Même si elle sont dépourvues de calories, ce qui apparemment est bon pour votre ligne, elles ont quand même quelques inconvénients :
– elles peuvent accentuer l'attirance pour les aliments sucrés ;
– elles déclenchent une légère sécrétion d'insuline, ce qui favorise évidemment le stockage des aliments avalés en même temps ;
– si elles sont consommées avant ou en dehors des repas, elles augmentent l'attirance pour les aliments salés, gras, sucrés. L'idéal est donc de les remplacer par de l'eau, plate ou gazeuse.
Je préconise donc de ne pas dépasser un verre de boisson light par jour, si vous ne pouvez pas vous en passer.

Les eaux aromatisées

Elles sont très différentes des boissons *light* car elles ne contiennent pas d'édulcorants. Elles sont donc non sucrées. Ce sont des eaux minérales auxquelles on a ajouté des extraits de plantes : orange, citron, menthe, pamplemousse... Leur apport calorique est totalement négligeable. Mais attention à d'autres boissons proches de ces eaux aromatisées, telles que les eaux parfumées au thé ou à la pêche. La plupart sont sucrées. Elles sont comme les sodas, elles vous apportent du sucre sous forme liquide.

Le vin et l'alcool

Ce sont des calories vides, donc si vous ne buvez pas, ne vous forcez surtout pas ! En revanche, si vous avez l'habitude de boire du vin, je considère que, dans le cadre d'un régime amincissant, 2 verres de vin par jour, pris au cours d'un repas, sont tolérables. Surtout le vin rouge, dont le tanin a par ailleurs des effets protecteurs sur nos artères. En revanche, il faut absolument bannir apéritifs et digestifs, et, dans le cadre d'un régime amincissant, la bière, car son index glycémique est très élevé. Cette dernière, tolérons-là une fois tous les deux mois avec une choucroute, mais jamais à jeun sinon l'insuline s'affole !

Café, thé, tisanes

Le café. Contrairement à une idée reçue, le café non sucré ne fait pas grossir. Mais il ne fait pas non plus maigrir. Il entraîne même une légère sécrétion d'insuline par le pancréas mais celle-ci est compensée par une augmentation des dépenses d'énergie. Cependant, faites-en une consommation raisonnable : personnellement, je recommande de le boire avec un bol alimentaire, c'est-à-dire à la fin d'un repas. Choisissez si possible du café de qualité et buvez-le sans sucre (vous pouvez y ajouter un édulcorant). Attention si vous êtes hypertendu ou cardiaque avec des troubles du rythme, et en cas d'ulcère. Même remarque si le café vous empêche de dormir : oui au café le matin ou dans la matinée, ou après le déjeuner. Stop après.

Le thé. Il existe une infinie variété de thés parmi lesquels vous pourrez trouver celui ou ceux que vous apprécierez. Car le thé a des vertus pour notre santé. Les effets protecteurs de ses tanins contre certains cancers comme celui de la prostate ou contre les maladies cardio-vasculaires sont maintenant établis (mais de grâce ne comptez pas sur le thé comme anticancéreux).

C'est le thé vert qui est le plus riche en tanins qui, par ailleurs, augmentent légèrement la combustion des graisses dans notre organisme. Mais, de là à démontrer des vertus amincissantes réelles, non ! Ce sont, à mon avis, d'excellentes béquilles dans un régime. On les administre sous forme de gélules. Mais gare à ne pas avaler celles qui n'ont pas bénéficié d'études pharmaco-toxiques. Demandez conseil à votre pharmacien et surtout n'allez pas les acheter dans des boutiques de « pseudo »-herboristerie ou sur Internet sans garantie : j'insisterai toujours sur ce problème.

Attention aux thés servis aux distributeurs automatiques : la pauvreté de leur goût explique qu'ils soient presque toujours sucrés. Évitez les thés glacés du commerce et les eaux au thé aromatisé aux fruits : ils se comportent comme des sodas (trop sucrés) et entraînent les mêmes inconvénients.

Les tisanes. Chez ma grand-mère, il y avait un cérémonial de la tisane : chaque soir, après le repas, nous buvions, ou plutôt, nous dégustions une tisane. C'était un moment de paix.

La plus connue est le tilleul : ses fleurs jaunes au parfum intense et agréable sont utilisées pour la préparation d'une infusion aux vertus toniques et digestives. Mais il ne faut pas trop en boire si vous avez tendance à la constipation.

La menthe est une plante aromatique dont l'espèce la plus répandue est la menthe poivrée. Elle est dotée de propriétés digestives évidentes. On la marie souvent à d'autres plantes pour préparer une infusion.

La verveine est sédative et antispasmodique, délicate.

Le thym, de même que le fenouil, a lui aussi des propriétés digestives. Je le recommande après un repas très copieux.

La camomille, préparée avec les fleurs séchées, était utilisée autrefois en lotion de beauté pour le corps et les cheveux. L'infusion, parfumée, est calmante et digestive.

Attention aux tisanes qui contiennent de la réglisse, certes délicieuse au goût, mais interdite aux personnes sujettes à l'hypertension artérielle.

Prises le soir ou en journée, les tisanes ont des vertus diurétiques : elles remplacent deux verres d'eau, à condition de ne pas les sucrer.

Et de grâce, ne vous jetez pas sur les tisanes «amincissantes». C'est un leurre et, parfois, une escroquerie. Aucune tisane ne fait maigrir. Certaines ont des actions laxatives dues à leur composition. Là aussi, attention danger pour votre santé, leur composition est agressive pour votre intestin: risque de troubles digestifs, de perturbations de l'équilibre ionique (sodium, potassium, magnésium, calcium), crampes, vertiges voire même troubles cardio-vasculaires.

LES ALLÉGÉS : ATTENTION AUX PIÈGES

■ *Les aliments allégés en graisses*

Les aliments allégés existent depuis quarante ans. Tout a commencé avec le lait allégé en 1964. Les allègements en graisses furent indiqués pour les problèmes de cholestérol. Le beurre allégé à 41 % de MG a suivi, en 1980. Puis les aliments allégés se sont multipliés et il faut maintenant faire le tri entre ce qui est utile et ce qui ne l'est pas.

Le lait demi-écrémé, les yaourts à 3 % de MG, le fromage blanc à 20 % de MG font désormais partie de notre quotidien, on ne les considère quasiment plus comme des allégés. Inutile de revenir au lait entier trop gras, mais, à l'inverse, il est tout aussi inutile de prendre du lait écrémé, sauf problème médical grave.

Les margarines allégées sont intéressantes, d'abord pour les problèmes de cholestérol, puis de poids. Le beurre allégé fonctionne, lui, uniquement pour le poids (il s'agit d'une graisse saturée) et encore, à condition de ne pas en mettre trop ! Ce qui est vrai aussi pour la margarine.

L'allègement en gras concerne, outre le lait et les produits laitiers, les sauces.

■ Les allégés sont-ils de faux amis ?

Oui, souvent, essentiellement pour deux raisons.

La première, c'est que leur composition est souvent trompeuse ; des aliments appauvris en graisse vont être renforcés en sucre. Et comme la plupart du temps, on ne décrypte pas les étiquettes, on se fait piéger. Ce travail de décryptage, les docteurs Cohen et Sérog, l'ont remarquablement fait dans leur livre *Savoir manger*, dont la deuxième édition est sortie en 2008[1] : il faut donc s'y référer avant d'acheter ce type d'aliments.

La seconde, c'est que souvent, on en consomme deux fois plus, soit parce qu'ils nous déculpabilisent, soit parce qu'ils sont insipides (exemples : crème fraîche allégée ou vinaigrette allégée…).

Dans ces conditions, ils n'ont pas d'intérêt dans un régime amincissant (sauf, là encore, pour les patients diabétiques ou qui souffrent d'une anomalie lipidique) et je ne les recommande pas. J'autorise mes patientes qui travaillent à prendre de temps à autre un plat tout préparé (cher !) pour leur faciliter la vie, mais à condition qu'elles lisent bien les étiquettes avant de choisir (il faut autant de protéines que de sucres et un taux de graisses inférieur) et qu'elles complètent par un fruit et un laitage… D'autant plus que ces plats sont souvent peu rassasiants car peu copieux.

Les succédanés de repas *light* (sachets protéinés), je recommande plutôt de les prendre en fin d'après-midi, avant de rentrer à la maison pour éviter les fringales qui nous font nous jeter sur ce qui traîne…

---

1. Jean-Michel Cohen et Patrick Sérog, *Savoir manger : le guide des aliments 2008-2009*, Flammarion, 2008.

Les petits gâteaux minceur, eux, sont vraiment de faux-amis : quand ils sont allégées en graisses, ils sont renforcés en sucres et vice versa ! À éviter. D'autant plus qu'on se laisse endormir par l'appellation *light* et qu'on puise deux fois (ou trois fois !) plus dans le paquet.

Aucune étude ne permet de dire, à l'heure actuelle, que les aliments allégés prolongent la vie, qu'ils évitent les accidents cardio-vasculaires ou qu'ils permettent de maigrir ni même de contrôler son poids à long terme. Selon les études médicales, la prescription systématique d'allégés chez les patients en surpoids n'a pas d'intérêt. Elle est plutôt à réserver aux diabétiques et dislipidémiques pour favoriser leur adhésion au régime.

■ *Les aliments allégés en sucre*

L'allègement en sucre se fait grâce aux édulcorants, apparus en 1975. Depuis vingt ans on en autorise l'incorporation à des aliments, qui sont alors dits *light*. Le plus connu des édulcorants est l'*aspartam*. C'est le plus utilisé, sous forme de poudre ou de comprimés. Il a un fort pouvoir sucrant. C'est l'édulcorant majeur des sodas light.

La rumeur attribuait à ce produit un effet cancérigène mais cela n'a jamais été prouvé, malgré les nombreuses études réalisées sur ce sujet. Son prix est raisonnable. Mais il ne peut pas être utilisé pour la cuisson.

Le *sucralose* est commercialisé en France depuis 2004 sous le nom de Splenda. Son pouvoir sucrant est très élevé (cinq à six cents fois plus élevé que celui du sucre, quatre fois plus que celui de l'aspartam). Fabriqué à partir du saccharose, il possède le même goût que le sucre et ne présente aucun arrière-goût désagréable. On peut l'utiliser dans la pâtisserie ou dans toute cuisine nécessitant une température élevée. Comme pour l'aspartam, de nombreuses études ont prouvé son innocuité.

Les *polyols* (*sorbitol, mannitol, xylitol*) apportent, contrairement à l'*aspartam* et au *sucralose*, entre 2 et 3,6 kcal au gramme. Presque autant que le saccharose. Ils servent à alléger les bonbons et les chewing-gums. Donc attention à la mention « bonbons sans sucre ». Modérez votre consommation car ils peuvent vous faire grossir. Contrairement aux vrais bonbons cependant, ils ne favorisent pas les caries dentaires. Mais si on en consomme trop, il y a des risques de diarrhées.

Un mot sur le *fructose* pour finir. C'est le sucre des fruits (4 kcal par gramme). Il a un pouvoir sucrant élevé : on en met moins pour autant de plaisir gustatif. Autre avantage, il stimule moins la sécrétion d'insuline par rapport au sucre classique. Il est très intéressant pour les patients diabétiques car il a peu d'effet sur le poids, la glycémie à jeun, les triglycérides, à condition évidemment de le consommer à faible dose.

■ *Ce qui est reproché aux édulcorants*

Ils peuvent renforcer l'appétence pour le sucré s'ils sont consommés en trop grande quantité avant et pendant un repas. Il faut donc les utiliser avec modération.

De plus, ils pourraient augmenter la synthèse de l'insuline au même titre que l'ingestion de sucre. D'où l'augmentation du stockage des glucides et des graisses ingérées, et de la sensation de faim avec prise alimentaire et, par voie de conséquence, une prise de poids. Malgré ces effets pervers, il ne faut pas perdre de vue leurs avantages : rendre votre alimentation plus douce, plus savoureuse. De ce fait, ils sont un aide-minceur, surtout au début d'un régime amincissant. C'est pourquoi je les autorise, avec modération, à mes patients : 1 comprimé dans leur café, 1 cuil. à café dans leur yaourt ou leur fromage blanc. Car, parfois, j'entends des choses étonnantes : certaines patientes me disent mettre 2 cuil. à soupe d'édulcorant dans leur fromage blanc ou 3 sucrettes dans leur café : c'est beaucoup trop ! C'est là où ces édulcorants peuvent réveiller l'insuline. Dans ce cas, je préfère un vrai sucre dans le café. Et 2 cuil. à café de vrai sucre dans le fromage blanc.

J'autorise un soda *light* par jour, souvent à mes jeunes patientes, quand elles ne peuvent s'en passer.

LES MÉDICAMENTS ET LES AIDE-MINCEUR

Pas question d'avaler des médicaments pour réduire nos rondeurs. C'est inutile et souvent dangereux pour notre santé physique et psychique. Et pourtant, je suis sûre que certaines, pour perdre 4 ou 5 kilos, sont tentées de les utiliser.

C'est une mauvaise idée. À nous médecins nutritionnistes de ne pas prescrire de médicaments et d'avertir nos patientes des risques encourus.

Voici des années, beaucoup d'entre nous ont maigri avec les fameuses pilules miracle : des associations de coupe-faim, diurétiques, extraits thyroïdiens, tranquillisants, tout cela enveloppé avec des plantes ! Certaines l'ont payé de problèmes tensionnels, cardiaques et dépressifs.

Ce type de gélule est absolument interdit en France. Malheureusement, on peut se les procurer via Internet (composition légèrement différente mais tout aussi nocive) dans certains pays d'Europe. Méfiez-vous donc de ces médecins que je qualifie d'« obésologues » qui vous commandent votre ordonnance en Belgique ou ailleurs. Vous recevez le « colis » contre remboursement ou vous le payez directement par carte bleue. Voilà comment certains « docteurs » s'occupent de vos rondeurs !

Les médicaments miracle, c'est-à-dire efficaces et sans risque, n'existent pas aujourd'hui.

L'AFSSAPS (Agence française de sécurité sanitaire pour les produits de santé[1]) a pris récemment des mesures de surveillance renforcées à l'égard de nouveaux médicaments de différentes classes thérapeutiques.

Passons en revue ce que l'on trouve actuellement – ou ce que l'on trouvait récemment, car les réglementations évoluent dans le sens d'une vigilance accrue – concernant la nutrition et l'amaigrissement.

Le rimanobant (commercialisé sous le nom d'Acomplia jusqu'en octobre 2008) avait été présenté il y a quelques années comme une pilule miracle permettant d'arrêter de fumer sans prendre de poids. Le rêve! Hélas, en l'absence de résultat significatif sur le sevrage tabagique, l'indication du produit a dérivé. C'est un coupe-faim. Il est indiqué uniquement en cas d'obésité associée à des troubles métaboliques. C'est-à-dire prescrit à des patients obèses qui doivent maigrir de quinze à vingt kilos ou plus parce qu'affligés d'un syndrome métabolique important : mauvais cholestérol, hypertension artérielle, problèmes cardiaques…

Je me répète à dessein : pas de rimanobant pour vos quatre à huit kilos de trop. Vous risquez des troubles de l'humeur : anxiété, tendance à la dépression et vertige, troubles digestifs… Et ses effets à long terme ne sont pas encore connus.

Il est totalement contre-indiqué aux personnes anxieuses, déprimées, fragiles psychologiquement. Attention à son association avec d'autres médicaments. Vu ses contre-indications, sa vente a été suspendue en Europe en octobre 2008. En novembre de la même année, le laboratoire a décidé d'arrêter les frais et les essais sur ce médicament.

---

1. http://agmed.sante.gouv.fr/

L'orlistat (Xenical) est apparu en 2000. Il agit au niveau de l'absorption intestinale des graisses. Aucune anxiété, aucun risque cardio-vasculaire mais, par contre, des problèmes au niveau de l'intestin (diarrhées) si on ne respecte pas les indications ! Avec l'orlistat, on ne doit pas ou presque pas manger gras. Un avocat sauce crevettes peut déclencher une fuite anale : une de mes patientes m'a raconté une telle mésaventure et je l'avais pourtant prévenue. Surtout, il ne faut pas considérer l'orlistat comme un médicament anticonstipation. Je connais des patients qui n'en prennent que lorsqu'ils ont trop déjeuné ou dîné, c'est aberrant. Je l'ai souvent prescrit, bien évidemment pour des surcharges supérieures à dix kilos. Si le suivi est bien respecté, la chute de poids n'est pas spectaculaire mais tout de même significative et les inconvénients (hormis ceux que je viens de citer) sont rares.

La sibutramine, commercialisée sous le nom de Sibutral : sur les dangers de cette molécule, qui agit elle aussi au niveau des récepteurs centraux, on peut faire les mêmes remarques que sur le rimanobant. Elle est à manier avec beaucoup de précautions en cas de problèmes cardio-vasculaires. Au moment où j'écris ces lignes, un fait divers vient malheureusement confirmer ces dangers. Une jeune femme de 32 ans a succombé à une embolie pulmonaire. Elle avait déclaré avoir ingéré des gélules amaigrissantes. Des analyses ont montré que ces gélules contenaient de la sibutramine qui a pu favoriser la survenue de l'embolie. Elle se les était procurées dans une herboristerie, hors de tout contrôle et de tout suivi !

La célèbre revue médicale britannique *The Lancet* a allumé le feu, au début de l'année 2007, en publiant une étude sur les effets des molécules de l'amaigrissement, leur toxicité potentielle et leur coût énorme. Si les pertes de poids sont assez faibles (quatre à huit kilos), les effets secondaires ne sont pas négligeables. La réponse du laboratoire Sanofi-Avantis, qui commercialise le rimanobant, est tombée indirectement arrêt des frais et des essais sur l'Acomplia en novembre 2008. Mais vu l'énorme marché potentiel, d'autres produits du même genre risquent d'apparaître...

Peut-on se fier, par ailleurs, à ce que présentent les devantures des pharmacies : drainants, coupe-faims naturels ?

Attention, là aussi, aux gélules minceur miracle proposées sur Internet : certaines d'entre elles, à base de plantes non autorisées, ont provoqué des accidents de santé (n'oublions jamais que la digitale et la ciguë sont des plantes toxiques !). Seul votre pharmacien connaît les plantes autorisées et non nocives. Il en existe une liste européenne nette et précise.

Je dirais que ces plantes sont de bonnes béquilles pour nous aider à perdre quelques centaines de grammes et à fondre de quelques centimètres. Certains de ces produits ont d'ailleurs fait l'objet d'études comparatives *in vivo* contre placebo avec la même méthodologie rigoureuse que certains médicaments développés par l'industrie pharmaceutique. Je citerai :

– l'orthosiphon, pour aider à éliminer l'eau. Ce n'est pas un diurétique ;

– le fucus, pour freiner le stockage des graisses et réguler l'appétit ;

– la *Centella asiatica*, pour les troubles circulatoires et la cellulite, et le thé vert qui aide à la combustion et au drainage : mes préférés ;

– le radis noir, pour stimuler la fonction hépatique ;

– le fenouil, qui aide à la digestion et lutte contre les ballonnements. Je le conseille le soir en tisane ;

– et aussi le bouleau, l'olivier, la prêle, l'artichaut. Vive le naturel, vive les plantes !

Mais attention à ce que ces plantes autorisées ne soient pas associées à d'autres substances aux noms incompréhensibles et peut-être fort dangereuses. Je me répète à dessein : vous devez faire confiance à votre pharmacien, pas à Internet.

PAS DE MIRACLE AU PAYS DES RÉGIMES

C'est un fait désormais établi : les régimes fondés sur une restriction importante ou la suppression d'un type d'aliment font perdre du poids mais leur bénéfice ne résiste pas au long terme ; ils ont ce désespérant effet de yo-yo qui entraîne une reprise des kilos perdus avec une prime d'un à deux kilos, dans le meilleur des cas.

Mais peu importe. Les femmes, le plus souvent, veulent encore croire au Père Noël quel que soit le costume qu'il revêt et la méthode « miracle » qu'il leur propose : elles se bouchent les oreilles, ferment les yeux, paralysent leur cerveau et veulent croire qu'elles échapperont à la fatalité du retour des kilos perdus à l'arrêt de leur régime.

Enfonçons le clou pourtant : plus la perte est rapide, plus les kilos reviennent vite !

Et si cela ne vous suffit pas : plus on fait de régimes, moins on maigrit, plus on reprend de kilos quand on arrête ! En effet, les régimes à répétition détraquent l'hypothalamus. Cette glande, située dans le cerveau, qui gère le centre de la satiété, ordonne alors le stockage des sucres et des graisses. Résultat : les kilos reviennent.

Des régimes, plus ou moins miracle, j'en entends encore parler toutes les semaines à mon cabinet par l'une ou l'autre de mes patientes.

J'ai eu par exemple récemment entre les mains un régime dit Thonon (se prétendant du centre hospitalier de la ville de Thonon-les-Bains) qui promettait une perte de 9 kilos en 15 jours ! Renseignements pris auprès du service de nutrition de cet hôpital, il s'agissait d'une fausse information qui circulait sur Internet.

■ *Les régimes basés sur la suppression de certains aliments*

Parmi ces régimes, voici le très célèbre et très dangereux *régime Atkins*. Il s'est refait récemment une virginité. Rappelons qu'il repose sur une absence totale d'hydrates de carbone (même les fruits ne sont pas autorisés), les sucres étant identifiés comme responsables de l'obésité. En revanche, il autorise les lipides puisque ceux-ci, en l'absence des sucres, ne sont pas assimilés. Mais attention à vos artères ! Sur le même modèle de restriction des sucres, le *low carb* a pris la suite du Atkins : il est tout aussi aberrant et dangereux.

La *diète hyperprotéinée*, je l'ai connue, il y a plus de trente ans dans les services des professeurs Trémolières et Apfelbaum à l'hôpital Bichat. Elle se pratiquait en milieu hospitalier sous surveillance médicale stricte. Le produit utilisé était l'Alburone, une préparation hyperprotéinée. Depuis une dizaine d'années, les sachets protéinés sont au top de l'alimentation minceur salée et sucrée. On les vend partout : dans les rayons pharmaceutiques généralement sérieux, à la télévision, dans les grandes surfaces, et par Internet. On les trouve sous différentes formes : soupes (aromatisées aux légumes, à la volaille), plats en sachets (aromatisés aux œufs...), entremets (à la vanille, au chocolat...) et barres aux parfums multiples.

Qu'a-t-on dans son assiette ? Par exemple, pour la soupe aux légumes :
– 65 à 80 % de protéines de lait ;
– sel, poivre, épices ;
– ciboulette ;
– légumes (oignons, pommes de terre, poireaux, carottes) ;
– protéines de soja ;
– épaississants (gomme de Guar) ;
– colorants dont le bêta-carotène (précurseur de la vitamine A) ;
– arômes ;
– glutamate monosodique (un exhausteur de goût).

Pour l'omelette aromatisée aux herbes de Provence :
– 65 à 80 % de protéines de lait ;
– 1 œuf entier ;
– du blanc d'œuf ;
– sel ;
– inuline (glucide voisin de l'amidon, soluble dans l'eau) ;
– arôme ;
– exhausteur de goût.

Comment agissent ces produits ? Privé de sucres (les glucides) le corps s'affole. Il est en situation de manque. Pour fonctionner, le cerveau, les muscles sont en carence de sucre car notre nourriture ne leur en fournit plus. L'organisme se venge en déstockant massivement sa propre graisse pour la transformer en sucre. De la transformation des graisses en sucre arrive la production de corps cétoniques qui coupent l'appétit mais qui peuvent entraîner l'apparition de troubles digestifs.

Intérêts des sachets protéinés

• Un pouvoir de satiété dû à la production de corps cétoniques au bout de 48 heures environ, avec un pouvoir coupe-faim vis-à-vis du sucre.

• Une perte de poids rapide : la moyenne est de 1,5 à 2 kilos par semaine.

• La protection de la masse musculaire.

• Pas de fatigue la première semaine.

Inconvénients des sachets protéinés

• Aucun écart, dans la conduite alimentaire, n'est permis sinon tout est faussé.

• La simplicité d'utilisation des sachets est un argument paradoxal. Associée à la mise en vente massive de ces sachets destinés au public, elle est responsable des inconvénients désastreux de cette méthode. Car sans appui médical et sans réelle compréhension des causes du surpoids, elle court à l'échec.

• L'effet yo-yo : reprise de poids avec des kilos supplémentaires quand on revient à une alimentation normale.

• Les cures hyperprotéinées ne débouchent absolument pas sur une bonne rééducation alimentaire qui permet de maintenir notre bon poids à long terme.

• De plus, elles comportent des risques sur le plan organique : crampes, maux de tête, frilosité, constipation, troubles de l'haleine dus à la présence de corps cétoniques, parfois troubles du cycle menstruel, hypotension orthostatique (vertiges en cas de levée rapide).

Il existe, par ailleurs, des contre-indications absolues :
– insuffisance cardiaque et rénale ;
– trouble de la kaliémie (potassium) ;
– grossesse ;
– enfants : pas de diète hyperprotéinée avant 17-18 ans ;
– troubles du comportement alimentaire.

Dans tous les cas, ces cures doivent être de courte durée et sous surveillance médicale. Trop de patients se lancent seuls dans cette épopée protéinée. Personnellement, ce n'est pas mon outil de travail pour mincir, même si, de temps à autre, un sachet hyperprotéiné de bonne qualité me paraît utile pour couper une fringale. Là encore, ne les achetez pas n'importe où. Plutôt en pharmacie ou en parapharmacie car leur composition y est surveillée. En fait, j'aime la nourriture saine, la regarder, la déguster, la mastiquer. Les sachets ne répondent absolument pas à mon désir gourmand.

■ *Les régimes hypocaloriques*

Ils reposent sur des restrictions. Ainsi le régime des *Weight Watchers* est fondé sur les réunions de groupes et un système de points très fastidieux qui convient à certaines personnes. Celles qui enseignent sont d'anciennes adeptes qui ont réussi et prodiguent bonne parole et encouragements aux nouvelles. Ajoutons que le marketing est très présent : livres, produits...

Le régime *The Zone*, relativement bien équilibré est hypocalorique et très restrictif en quantité.

Le *Miami south beach*, classique, hypocalorique, raisonnable, est, pour moi, plus une conduite de bonne alimentation qui doit fonctionner pour ceux que j'appelle les « délinquants alimentaires », ceux qui se sont laissés aller à faire n'importe quoi à une période de leur vie. C'est une saine reprise en main.

Le célèbre *régime Montignac* repose sur deux principes : ne mélanger les glucides ni avec les protéines ni avec les lipides. De plus limiter les glucides à index glycémique élevé. L'auteur a eu l'idée maligne de remettre à la mode le concept d'index glycémique alors qu'il existe depuis quelques dizaines d'années maintenant !

Au rayon des curiosités, voici le *Forking* : pas question, le soir, de consommer des aliments qui nécessitent autre chose qu'une fourchette !

Et au rayon des énigmes, le régime fondé sur les groupes sanguins !

■ *Les régimes dissociés*

Ces régimes (on ne mange par jour qu'une catégorie d'aliments) ou *monodiètes* (une cure d'aliments sur plusieurs jours) sont particulièrement déséquilibrés. Exemples : des cures d'ananas (l'enzyme « miracle » de l'ananas, la broméline, aide simplement à digérer la viande !), de banane ou de raisin (avec les régimes fruits on absorbe… du sucre et rien d'autre !) et soupe au chou (bonjour douleurs et gonflements abdominaux !)…

La *diète hydrique*, qui consiste à consommer uniquement de l'eau légèrement sucrée et salée, est très dangereuse : elle prive notre corps brutalement de ce dont il a besoin : elle ne doit pas se prolonger plus de 48 heures... ! Nous ne sommes pas des grévistes de la faim !

■ *Le régime crétois*

Le *régime crétois* n'est pas un régime amaigrissant ou amincissant, mais une alimentation riche en fruits et légumes, à adopter en cas de problèmes cardio-vasculaires. C'est un régime bonne santé.

■ *La méthode Slim-data*

Cette méthode est basée sur l'index SLIM-data, qui traduit l'impact d'un aliment (pris seul ou au cours d'un repas) au niveau digestif et au niveau métabolique. Il combine les index glycémique, calorique et enzymatique pour une vision dynamique de la digestion et de son impact métabolique réel. Tous les aliments sont permis car chacun possède son antidote-minceur (un aliment au SLIM-data moins élevé) pour modérer son propre indice et le « neutraliser ».

Plusieurs avantages : la vie sociale est conservée, on ne meurt pas de faim, on ne se sent ni fatigué ni déprimé, on maintient sa forme physique et psychique car on ne puise pas dans la réserve d'énergie musculaire. Et il n'a pas d'effet yo-yo.

■ *La chrononutrition*

Cette méthode incite à privilégier certains types d'aliments en fonction des sécrétions hormonales, en particulier de l'insuline et du cortisol, pour éviter le stockage des graisses. Selon le même principe que celui où l'on demande de prendre certains médicaments à des moments précis de la journée car leur action est plus efficace, en lien avec les enzymes et les hormones présents dans notre organisme. Le principe :
– au petit déjeuner : des protéines et des lipides ;
– au déjeuner des protéines et des légumes ;
– au goûter du sucre ;
– au dîner : du poisson et des légumes, ou rien.
Pour moi, c'est un aide-minceur et un régime ré-équilibrant.

On ne doit pas bousculer son organisme, on doit le respecter ; il a besoin de douceur et d'équilibre. Sinon, il va se rebiffer, et quand on arrête le régime, on reprend les kilos perdus plus des kilos supplémentaires ! La seule façon d'échapper à cette malédiction est de suivre une période de stabilisation qui consiste à réintroduire, petit à petit, les aliments qu'on avait supprimés. Cela demande du temps, beaucoup de temps et de discipline.

De manière générale, il est évident que des approches nutritionnelles fantaisistes ne constituent pas la réponse adéquate au surpoids, qu'il soit de 3 ou de 10 kilos. Sans une modification de l'hygiène alimentaire accompagnée d'une activité physique régulière, le maintien de la perte de poids est voué à l'échec.

LES KILOS DU LAISSER-ALLER

■ *D'où viennent-ils ?*

On entend souvent dire que notre façon de nous nourrir se modifie profondément. Et que cette (r)évolution passe par les jeunes. Ce que j'observe, c'est que, lorsqu'ils quittent le nid familial, devenant étudiants par exemple, ils ont tendance à simplifier à outrance leurs repas, choisissant ce qui demande le moins possible de préparation et ce qui ne coûte pas cher : sandwiches, fast-food, plats tout faits, sachets sous vide qu'on réchauffe très vite, au micro-ondes ; la boîte qu'on ouvre ; le riz qui cuit en trois minutes… Ils passent dix minutes à table, un plateau sur les genoux. Trop de sucres, de graisses, de sel, pas assez de temps pour bien mâcher : le repas perd de son importance, presque toute importance. Ils vont se rattraper le week-end chez papa et maman, retrouvant les saveurs et l'équilibre de l'enfance. Mais ils vont aussi renouer avec la convivialité des repas, la joie des préparatifs lorsqu'ils se retrouvent entre copains.

Oui, cette tendance existe mais je la vois plutôt comme une parenthèse dans leur vie, car, comme on dit, les fondamentaux sont acquis, tout prêts à resurgir, me semble-t-il – mais peut-être suis-je trop optimiste – lorsque la vie se

stabilise. Et encore. Trop souvent, les adultes actifs se nourrissent eux aussi très mal, à cause du manque de temps
ou de la fatigue. C'est alors qu'apparaissent les kilos du
laisser-aller.

Une seule chose à faire pour s'en débarrasser : guider les
patients pour qu'ils retrouvent une alimentation équilibrée.

■ *Apprendre à bien se nourrir*

Alice, 21 ans, étudiante en droit, revient d'un séjour d'un
an aux États-Unis. Elle s'est bien « éclatée », comme elle dit.
Au point d'adopter les standards locaux, dans ce qu'ils ont
de pire en matière de nourriture : elle a donc mangé à peu
près n'importe comment (trop gras, trop sucré, trop mou)
et s'est alourdie de quatre kilos. Elle ne rentre plus dans ses
jeans, elle est boudinée dans son chemisier, elle me dit en
riant qu'elle voit moins bien son piercing au nombril ! Et elle
n'a plus envie de se mettre en bikini.

Elle veut donc récupérer son poids de départ, celui où
elle se sent bien. Depuis son retour, elle a vainement tenté
de les perdre : « J'arrive, en ne mangeant presque rien, à me
débarrasser d'un malheureux kilo et demi, et comme ça ne
va pas assez vite, je replonge. D'autant plus facilement que
j'ai faim. »

Alice s'est arrondie à partir de la puberté : « À 13 ans, le
pédiatre m'a mise au régime. J'avais grossi à l'arrivée de mes
règles et mon taux de cholestérol était trop élevé. C'est dans
la famille. Vous savez, me confie-t-elle, ce n'est pas rigolo
pour une petite fille d'être privée quasiment de tout ce qui

fait plaisir : pas de chocolat, pas de beurre, pas de gâteaux. J'ai un peu maigri et mon cholestérol a chuté. C'était le but. » Ensuite Alice, dont le fameux taux de cholestérol a toujours joué le rôle garde-fou, s'est maintenue à 55 kilos, en se privant un peu… Mais le séjour aux États-Unis a fait sauter le verrou. Heureusement, une analyse de sang montre que son cholestérol est encore à la limite de la normale.

■ *L'examen médical*

Je l'interroge : elle dort bien, souffre parfois de maux de tête, se plaint de ballonnements et de constipation. Elle prend depuis trois ans une mini-pilule qu'elle supporte très bien. À part cela, aucun médicament.

Je prends ses mensurations : 1,60 m pour 59 kilos. Oui, elle a besoin de perdre ses kilos américains. Sa graisse se situe à la taille et **au** bassin. Les cuisses sont légèrement infiltrées. Sa poitrine est superbement rebondie : « Je souhaiterais la garder », me dit-elle. Je la comprends. Mais je ne lui fais aucune promesse. Je lui explique qu'il y a de la graisse dans les seins et que automatiquement, elle mincira un peu de la poitrine.

■ Le bilan alimentaire

Il est parlant. Alice commence la journée avec un bol de céréales chocolatées avec du lait écrémé (depuis ses problèmes de cholestérol, elle ne prend que du lait écrémé), avec deux cafés sans sucre.

Au déjeuner, une salade composée avec du riz, du fromage, du jambon ou du poulet, plus un yaourt à 0 % de MG aux fruits. Ou un plat allégé (à 350 kcal) avec un yaourt. Tout cela arrosé d'un coca *light*. Pas d'eau, pas de pain, peu de fruits. À 18 heures, elle n'y tient plus. Elle a faim et se jette sur quatre à six petits gâteaux minceur. Évidemment, elle n'en a pas lu la composition. Il faut savoir qu'il s'agit là souvent de faux amis, appauvris en graisses, mais enrichis en sucres.

Pour le dîner, elle sort souvent avec ses amis : sushi et maki au restaurant japonais, ou pizza au menu, accompagnés d'un Coca *light*. Quand elle dîne en famille, elle mange de la viande ou du poulet, de la salade, un morceau de fromage.

■ Objectif

Nous fixons ensemble son objectif : 4 kilos en moins et retour à sa taille 30 en jeans (taille américaine, équivalent d'un 38 français). Alice me fait la promesse de reprendre une activité physique : elle aime nager et faire du roller. C'est parfait.

J'ai remarqué, à l'examen, qu'elle a quelques petits bou-
tons sur le visage : je lui demande de boire de l'eau en lui
disant que peau et eau riment ensemble. Et puis les mouvements d'eau dans l'organisme défatiguent. Il ne s'agit pas de
boire trois litres d'eau, comme certaines femmes, car à un
moment le rein cesse de filtrer et l'on stocke le liquide. J'autorise donc un Coca *light* par jour, mais pas deux. Sa maman
l'aide et la soutient : elle en a assez de voir sa fille se torturer
et de se torturer elle-même... Tant mieux, cela va m'aider.

■ *Mon ordonnance alimentaire*

Petit déjeuner

Je demande à Alice supprimer les céréales. En effet,
même sans sucre ajouté, elles ont un index glycémique
trop élevé pour cette phase d'amincissement. À la place, je
lui propose 2 à 3 tranches de pain (du boulanger) avec un
peu de margarine (à cause de la surveillance de son cholestérol). Plus 1 yaourt ou du fromage blanc à 20 % de MG,
pour les protéines et le calcium (le fromage blanc rassasie
plus que le yaourt). Et ses 2 cafés. Laitage et café(s) sans
sucre ou avec édulcorant.

Déjeuner

Comme Alice déjeune seule chez elle (sa fac est proche du domicile familial), je ne vais pas lui compliquer la vie mais je lui demande, avant tout, de s'asseoir, à table ; elle a tendance à « avaler » vite en faisant autre chose... Elle doit donc se mettre à table, avec assiette, verre, couverts, manger doucement, en prenant soin de respirer, de penser à ce qu'elle fait, de savourer sa nourriture. En posant de temps en temps couteau et fourchette (d'ailleurs, tout le monde devrait le faire).

Deux déjeuners par semaine :
– 1 plat de pâtes complètes *al dente* avec 1 cuil. à café d'huile d'olive, en ajoutant des herbes : basilic, ail, piment et coulis de tomates ;
– pas de pain.

Deux déjeuners par semaine :
D'accord pour ses salades composées qu'elle aime tant, mais composées à ma façon (chez le traiteur ou au restaurant, ces salades ne contiennent généralement pas assez de protéines). Donc :
– 1 salade verte, du concombre, des tomates, des pousses de soja... ;
– 150 grammes de poulet ou de jambon ou de thon ou de crabe ou de crevettes, avec une vinaigrette allégée (voir p. 175) ;
– 1 morceau de fromage (qu'elle adore !), chèvre ou vache, accompagné d'un petit morceau de pain.

Trois déjeuners par semaine :
- poisson ou viande ou volaille ;
- légumes verts à volonté avec 1 cuil. à café de gras (huile, beurre, margarine, crème fraîche) ;
- 1 fruit, à index glycémique plutôt bas, suivant la saison : fruits rouges, pêche, poire, pomme, clémentines, orange ;
- 1 eau plate ou gazeuse.

17 heures

Si elle a faim :
- 1 tranche de pain ;
- avec du fromage allégé (type saint-moret) ou 2 tranches de jambon qu'elle aime, mais dont elle se privait, alors que le jambon du commerce est déjà allégé.

Dîner

Trois dîners « sortie » par semaine : elle peut continuer à dîner dehors avec ses amis.

Au restaurant italien (1 fois, si elle n'a pas mangé de pâtes au déjeuner) :
- 1 pizza jambon, champignon, tomates ;
- 1 salade verte.

Au restaurant chinois (1 fois) :
- rouleaux de printemps ;
- poulet ou canard à la sauce aigre-douce ;
- légumes sautés.

Au restaurant japonais (1 fois) :
– 1 soupe ;
– 1 mini-salade de choux ;
– sushis ou sashimis avec leur riz blanc.

Trois dîners à la maison, en famille
– 1 soupe de légumes (l'été, un gaspacho sera parfait), y compris en brique, mais pas lyophilisée (trop salée, avec trop d'additifs) ;
– poulet rôti ou veau ou porc maigre ou un poisson (surgelé oui, mais non pané) ;
– 1 salade ;
– 1 laitage sans sucre ou avec édulcorant.

Un repas complètement libre, y compris avec dessert type glace, pâtisserie, chocolat. Tout ce qu'aime Alice. Mais qu'elle compense le lendemain au déjeuner :
– 2 œufs coque ou 1 blanc de poulet ;
– 2 yaourts ou 5 cuil. à soupe de fromage blanc à 0 ou 20 % de MG.

Dans la soirée :
Alice aime s'endormir avec une tisane. Je la lui laisse, à condition de ne pas boire de tilleul, qui comporte un petit risque de constipation.

Je m'adapte à son mode de vie (elle sort beaucoup le soir) et je lui autorise des récréations alimentaires, pour éviter qu'elle ne craque et qu'elle ne reprenne ses kilos, en revenant à une alimentation « normale » ; il s'agit, en douceur, de l'habituer à éviter ce qui a pu causer son enveloppement.

■ *Bilans d'étapes*

À la seconde consultation, un mois après, elle a perdu 2,4 kilos et quelques centimètres (voir le tableau de ses mensurations, p. 87). Elle a craqué parfois, elle me le dit honnêtement : des bonbons, une ou deux glaces, quelques biscuits apéritif...

Elle aurait aimé que ça aille plus vite : pour ne pas la culpabiliser, je lui explique simplement que les rondeurs graisseuses ne fondent pas comme neige au soleil, il faut du temps et c'est très bien comme ça. Cela dit, elle peut reboutonner son jean et elle est ravie de ce résultat.

À la troisième consultation, un mois plus tard, elle a atteint son objectif : moins 4 kilos. Soit les 55 kg de son poids de forme.

Elle a moins faim, car elle s'est habituée à une alimentation moins sucrée (eh oui, le sucre ouvre l'appétit !) ; elle est décidée à maintenir ce poids. Elle sait qu'elle sera toujours un peu ronde (« Tout me profite », dit-elle), mais elle s'aime ainsi.

■ *Mes recommandations*

Alice est motivée pour appliquer mes recommandations :
• Boire 6 verres d'eau par jour : comme sa peau est plus belle, cela l'encourage.
• Faire attention aux sodas.
• Je lui autorise 3 desserts par semaine, mais pas à la fin d'un repas où elle aura consommé des féculents. Je lui

indique un dessert maison : 1 petit-suisse ou 1 yaourt à placer au congélateur dans lequel on plante un bâtonnet : une glace peu calorique !

• Je lui recommande de privilégier les protéines (viande, jambon, poisson, œufs), sans oublier les légumes verts et sans éliminer les féculents.

• Bien répartir le pain dans la journée (l'équivalent d'une demi-baguette).

Elle saura, me dit-elle, régler sa fringale, sauf en cas de dépit amoureux, ce qui lui est arrivé la semaine précédente, où elle s'est consolée avec des barres chocolatées. Heureusement, ce n'était qu'un feu de paille, et elle s'en est remise rapidement.

■ *Trois mois plus tard...*

Alice revient. C'est la veille de ses règles. Drame : elle a repris 800 grammes. Il est classique, pour les femmes en âge de procréer, de faire de la rétention d'eau et de « gonfler » avant les règles. Pour l'aider, je lui prescris 10 jours de cocktail de plantes à visée désinfiltrante, à prendre chaque mois avant ses règles. Et je la laisse partir confiante pour l'été. Son programme est prêt : elle doit passer ses examens, travailler en juillet comme serveuse dans une brasserie et partir en août avec des amis sur la Côte d'Azur et en Corse.

■ *L'évolution des mensurations d'Alice*

Taille : 1,60 m	1re consultation	2e consultation	3e consultation
Poids	59 kg	56,6 kg	55 kg
Poitrine	90 cm	88 cm	87 cm
Taille	69 cm	65 cm	64 cm
Hanches	97 cm	94 cm	93 cm
Cuisses	58 cm	56 cm	54 cm

■ *Retour de vacances catastrophique*

Alice a eu le bon réflexe : à la mi-septembre, je la retrouve devant moi, me racontant ses belles vacances où elle ne s'est pas économisée, y compris du point de vue alimentaire !

Elle se couchait à une heure impossible après avoir bu quelques vodkas orange tout en perfectionnant sa salsa. Levée très tard, son petit déjeuner consistait en un bol de céréales chocolatées, puis direction la plage où elle se dorait consciencieusement ; au bar de la plage, elle grignotait, en guise de déjeuner, chips, olives, glaces, parfois une salade composée, le tout arrosé de sodas *light*.

Retour de plage à 18 heures où le grignotage continuait (car elle avait un petit creux évidemment !) avec, là encore, ce qu'elle trouvait : biscuits, fromage, pain... Le soir, dîner avec les copains. Au menu : pâtes, pizzas, merguez... « J'ai fait du sport, plaide-t-elle : j'ai couru, nagé, fait du vélo, dansé », mais ce n'est pas suffisant face à une telle anarchie !

Résultat : elle est rentrée avec 2,5 kilos de plus.

« Alice, l'année prochaine, je vous indiquerai des menus simples à emporter à la plage mais en attendant vous avez ces 2 kilos que j'appelle "coup de chien", ceux qu'on prend vite et qu'on perd vite. À condition de ne pas déroger pendant 15 jours à l'alimentation que je vais vous conseiller, vous allez les perdre, puis nous aurons encore 15 jours pour vous stabiliser, avant votre rentrée en fac. »

■ *Deux semaines de reprise en main après des kilos « coup de chien »*

Petit déjeuner

– thé ou café sans sucre ou avec édulcorant ;
– 1 tranche de pain légèrement tartinée de sa margarine allégée (à cause de son cholestérol).

Déjeuner

Avant tout, Alice doit se mettre à table et mâcher ! Elle a le temps, pour le moment, car la rentrée universitaire n'a pas encore eu lieu. Si elle est pressée, qu'elle prenne :
– 1 salade avec des tomates ;
– jambon ou poulet ou 2 œufs durs avec de la semoule ou du boulghour (trois minutes au micro-ondes) ;
– 1 yaourt nature.

Sinon, qu'elle prenne le temps de se faire griller un steak avec des légumes verts.

Dîner

Qu'ils se passent à la maison, au maximum, pendant ces deux semaines :
– poisson poché ou blanc de poulet ou escalope (de veau ou de volaille) ;
– 1 salade (à la vinaigrette allégée) ou des légumes verts ou une soupe de légumes ;
– 1 fruit.

Pas question de repas libre dans la semaine, même avec des amis, au restaurant. Qu'elle les rejoigne à la fin du dîner, pour un café ou une infusion.
Pour ne pas désespérer, il est impératif qu'elle perde vite ses kilos.

Ce fut le cas. Deux semaines plus tard, elle avait perdu ses 2 kilos et demi : sa maman lui avait fait la cuisine suivant mes indications – précieuse alliée ! Alice a trouvé cette alimentation difficile, surtout après tous ses excès du mois précédent.
Les deux semaines suivantes, elle a continué. J'avais élargi à deux dîners « sorties » dans la semaine, sur le modèle que nous avions élaboré ensemble lors de son amincissement. Ensuite, elle repris une alimentation normale, celle dont nous avions convenu, c'est-à-dire en limitant les desserts et les féculents.
Alice a fait des erreurs monumentales : du trop gras, du trop sucré, à n'importe quelle heure de la journée et il était

indispensable, au moins pendant quinze jours, de se reprendre : elle s'est rendue compte que ses kilos pouvaient revenir très vite si elle se laissait aller.

■ *Mes conseils pour les sorties au restaurant*

Lors de notre dernier rendez-vous, j'ai donné à Alice des conseils supplémentaires pour ses sorties au restaurant. Ils sont évidemment valables pour tout le monde. Je vous recommande de préférer :

– plutôt que la pizza au quatre fromages, le plat de pâtes sauce bolognaise, sans ajouter de parmesan ;

– plutôt que la moussaka, 2 côtes d'agneau grillées premières avec des haricots verts ;

– plutôt que la côte de bœuf, le pavé de rumsteak, beaucoup moins gras ;

– pour les desserts, un sorbet plutôt qu'une glace au chocolat ;

– une crêpe à la compote plutôt qu'avec de la pâte à tartiner chocolat-noisettes.

■ *Trois petits déjeuners équilibrés*

Petit déjeuner « laitages »

– 1 thé ou 1 café sans sucre ou sucré à l'aspartam ;
– 40 g de pain du boulanger avec 10 g de beurre ;

– 1 barquette de fromage blanc à 20 % de MG ou 1 yaourt blanc ou 2 petits-suisses à 20 % de MG. Sans sucre ou avec édulcorant ;

– 1 fruit de saison : 2 clémentines ou 1 pomme ou 1 poire ou 1 petit bol de fraises ou de framboises.

Petit déjeuner « céréales »

– 1 thé ou 1 café sans sucre ou sucré à l'aspartam ;

– 1 bol et demi de lait demi-écrémé avec du muesli sans sucre ajouté (environ 30 g) ou 1 yaourt blanc nature ; avec 2 cuil. de son d'avoine ou de céréales type All-Bran ;

– 1 fruit de saison, coupé dans le laitage éventuellement.

Petit déjeuner « liquide »

Pour celles qui ont du mal à avaler quelque chose de solide :

– 1 bol de lait demi-écrémé avec 2 cuil. à soupe de cacao dégraissé sans sucre, à sucrer à l'aspartam ;

– 1 jus de pamplemousse frais.

Tous ces petits déjeuners contiennent des protéines et du calcium, des glucides (pain, céréales, cacao même maigre), des fibres et des vitamines (fruits).

■ *Trois déjeuners*

Au resto U :
– crudités ou salade verte, avec 1 cuil. à soupe de vinaigrette (éviter si possible les betteraves, trop sucrées et souvent trop huilées) ;
– viande ou poisson ou poulet, mais surtout ne pas rajouter de sauce. S'il y en a, ne pas saucer avec du pain ;
– légumes verts avec 2 cuil. à soupe de féculents, sauf des frites et des pommes sautées ;
– 1 laitage non sucré ou 1 fruit.

À la cafeteria :
– 1 salade composée : de l'œuf, du thon (pour les protéines), de la tomate, du riz (ou des lentilles, des pâtes – il faut des glucides lents pour tenir toute la journée), du fromage (pour le calcium et les protéines) ;
– 1 fruit ;
– de l'eau.

Au fast-food :
– 1 petit hamburger ;
– 1 salade composée (avec 1 seule cuil. à soupe de vinaigrette) ;
– 1 soda *light*.

■ *Trois dîners minceur simples, chez soi*

Dîner « poisson »

– poisson surgelé nature (colin, cabillaud) à parsemer d'herbes. Avec un filet d'huile d'olive ;
– 3 à 4 pommes de terre cuites à la vapeur sans ajout de gras ;
– 1 laitage sans sucre.

Faites-vous offrir un faitout avec 2 paniers vapeur (pour tout cuire en même temps) ou bien un petit four à micro-ondes.

Dîner « viande »

– 1 steak haché (125 g) pour le fer et les protéines (les jeunes mangent rarement de la viande à midi) ;
– 200 g de légumes verts (surgelés) avec 1 cuil. à café de corps gras ;
– 1 fruit frais.

Dîner « œufs »

– omelette aux fines herbes (2 à 3 œufs) ou 2 tranches de jambon ou 2 œufs coques ;
– 1 salade verte ou d'endives ;
– 1 dessert *light* (style crème à la vanille, flan, même crème au caramel, il en existe des raisonnables à moins de 110 kcal la pièce).

Un dîner copains

– pâtes complètes au légumes (acheter de la ratatouille bio surgelée, ajouter des herbes et un filet d'huile d'olive ;

– 1 salade d'endives aux pommes avec quelques cerneaux de noix ;

– 1 sorbet ou 1 salade de fruits frais.

Gérer les sorties et les fêtes

Dans une phase d'amincissement, il faut manger avant les sorties :
– 1 œuf dur ou 1 barquette de fromage blanc ;
– avec des tomates cerises, des radis, des fines herbes… ;
– 1 pomme.
Éviter l'alcool. J'autorise cependant un verre de vin. Puis prendre un soda *light*, du Perrier citron. Surtout pas de vodka orange ni de cocktail mélangeant alcool et fruits… qui sont des bombes caloriques !

LES KILOS STRESS

■ *D'où viennent-ils ?*

Le stress peut se définir, simplement, comme un ensemble de perturbations biologiques et psychiques provoquées sur notre organisme par une agression quelconque.

Le stress aigu et momentané avec tachycardie, sueur, fatigue, hypersécrétion d'adrénaline (par exemple celui qui se déclenche suite à un cambriolage, le vol de votre voiture), aura plutôt tendance à vous couper momentanément l'appétit. En revanche, toute autre est la situation si le stress dure. Il se produit alors une bousculade hormonale, notamment une augmentation de la sécrétion du cortisol, hormone secrétée par les glandes surrénales. D'où augmentation de l'appétit et perte musculaire. L'hypercortisolémie produit les mêmes effets qu'un traitement par corticothérapie (voir *Les kilos médicaments* p. 197).

De cette augmentation de l'appétit découle une prise alimentaire plus importante et désordonnée. Cette dernière va entraîner une hypersécrétion d'insuline. L'augmentation des deux hormones, cortisol et insuline, favorise la rétention d'eau et le stockage des graisses dans nos adipocytes. À ces bousculades hormonales s'ajoutent des phénomènes physiologiques et psychologiques : fatigue, tachycardie, possibilité d'une montée de la tension artérielle, sueurs, diminution de l'activité physique, anxiété, tristesse. De tous ces phénomènes peut résulter une compensation alimentaire de douceur, de grignotage, qui apportent une sensation d'apaisement.

Les kilos dus au stress se déposent prioritairement sur l'estomac et la taille.

Ils sont principalement dus aux angoisses devant les difficultés de la vie qu'on ne se sent plus capable d'affronter ou de surmonter. Beaucoup de mes patients en souffrent. Comme Céline.

■ *Céline, sous pression permanente*

Lorsqu'elle vient me voir au printemps 2005, Céline a 42 ans. C'est une petite brune au sourire éclatant, avec une belle peau, des cheveux très noirs et une silhouette effectivement très alourdie. Elle se présente : mariée, deux fils de 12 et 9 ans. Elle travaille dans un établissement bancaire et juge sa vie professionnelle stressante. Elle est notamment sous la pression constante d'une chef exigeante et jamais satisfaite de ses résultats.

Elle a pris beaucoup de poids pendant ses grossesses, a peu reperdu entre les deux et me dit s'être complètement laissé aller. Elle ne veut plus d'enfants et a décidé de se débarrasser de ses kilos.

Lorsqu'elle a un souci – et elle a tendance à se faire du souci –, elle dort mal et elle se rue sur les gâteaux : « Que voulez-vous, avec deux garçons, il m'est impossible de ne pas en avoir à la maison ! »

■ *L'examen médical*

Elle a un intestin relativement paresseux et ressent parfois des reflux gastriques (sensation désagréable d'aigreurs). Elle est traitée par homéopathie, ce qui lui convient bien. Elle n'a pas de contraception orale, et elle souffre de douleurs lombaires et cervicales : « J'en ai plein le dos », analyse-t-elle. Qui plus est, avant les règles, elle gonfle énormément, des pieds, des mains et elle présente une insuffisance circulatoire assez importante : ses chevilles sont enflées, ses jambes infiltrées.

Son ventre est très abîmé par des vergetures.

Je lui prescris un bilan sanguin.

■ *Le bilan alimentaire*

Elle ne mange pas énormément mais trop vite, sans prendre conscience de ce qu'elle met dans sa bouche : le matin un café et une tartine avec du beurre allégé ; dans la matinée de l'eau. À midi au restaurant d'entreprise, elle ne prend pas d'entrée, elle avale vite du poulet ou du poisson (elle n'aime pas beaucoup la viande), elle mange beaucoup plus de féculents que de légumes verts et termine toujours par un dessert sucré. Elle prend peu ou pas de pain.

Le problème majeur se situe à son retour à la maison, après un trajet de trois quarts d'heure en train. Elle se remet de sa journée en grignotant des gâteaux : deux

Choco BN par-ci, une viennoiserie qui traîne par-là... tout en préparant le dîner.

Ses fils ayant déjeuné à la cantine, le dîner est assez conséquent : toujours un potage ou une salade, souvent suivi d'une quiche lorraine ou d'une tarte faite maison, ou bien de la viande accompagnée d'un féculent, du fromage et toujours un dessert sucré.

■ *Objectif*

Nous décidons ensemble qu'elle doit perdre 15 kilos pour retrouver une silhouette impeccable.

■ *Mon ordonnance alimentaire*

Petit déjeuner

Je lui fais ajouter 1 laitage.

Déjeuner

Le restaurant d'entreprise proposant des plats dits de régime, je l'encourage à se rabattre dessus, même s'ils ne me semblent pas toujours très équilibrés. C'est toujours mieux que ce qu'elle faisait avant. Elle doit remplacer le dessert sucré par 1 fruit ou 1 yaourt, ou du fromage blanc à 20 % de MG, sans sucre bien sûr !

Grignotage

C'est un grignotage sucré, qui se produit chaque soir, au retour à la maison. Nous en parlons longuement. Elle est consciente de cette pulsion qu'elle trimballe depuis son adolescence. Tout doucement, le plus discrètement possible, je lui conseillerai d'aller l'analyser auprès d'un psy, et mes conseils s'arrêteront là. En attendant, j'ai bien compris que je ne pouvais pas complètement le supprimer, donc je lui autorise, quand elle en ressent le besoin, du fromage blanc à 20 % de MG sucré à l'aspartam ou au fructose, et 1 fruit : en hiver 1 pomme ou 1 poire, au printemps des fraises ou des framboises, l'été des pêches ou des brugnons.

Au dîner

Trois fois par semaine :
– viande ;
– légumes verts (plus des féculents pour le mari et les enfants) ;
– 1 compote ou 1 fruit.

Deux fois par semaine :
– 1 salade ;
– 1 tarte aux légumes ;
– 1 yaourt.

Deux fois par semaine :
– poulet ou jambon ;
– salade ;
– fromage blanc à 20 % de MG.
Je lui prescris un traitement pour la circulation et du magnésium.

■ *Deuxième consultation*

Lorsque Céline revient, six semaines plus tard, son bilan sanguin montre une déficience en fer (ce qui explique sa fatigue) : je lui prescris un médicament pour corriger ce trouble. Et je lui demande de prendre de la viande rouge au moins 3 fois par semaine (steak ou rôti de bœuf).

Elle s'est montrée très motivée et bonne élève et ses mesures le prouvent.

Elle dort mieux ; ses jambes ont dégonflé. Je lui prescris des séances de rééducation du rachis dorso-cervico-lombaire car, à ses problèmes circulatoires, s'ajoute une petite scoliose. Nous continuons sur la même lancée car elle me dit bien supporter son régime alimentaire.

■ *Pendant les vacances*

Les vacances arrivent. Elle part avec son mari et ses enfants dans un gîte. Je lui concocte son alimentation pour ses trois semaines de vacances.

Son *petit déjeuner* ne change pas ; elle peut y ajouter un fruit.

À midi, profitons du barbecue pour faire des viandes grillées (il ne s'agit pas de les calciner bien sûr !), des brochettes, et même si de temps à autre il y a des merguez, il ne faut pas en faire un drame, le tout avec des salades. Le repas de midi est rapide, car l'après-midi tous vont se baigner ou faire de grandes balades à vélo.

Le dîner est plus à risque parce qu'ils s'attardent à table : j'autorise un apéritif de temps en temps, pour la fête… Qu'ils profitent des crudités, des légumes frais, des œufs coques, des poulets fermiers, du lapin (excellente viande maigre !) qu'ils peuvent trouver sur les marchés.

Elle continue son traitement antijambes lourdes et drainant, je lui conseille de marcher.

Lorsqu'elle revient de vacances en septembre, elle a encore perdu 5 kilos. Elle s'est évidemment détendue, ses pulsions de grignotage se sont évanouies durant cette période : les enfants se sont amusés, le couple s'est retrouvé, elle a oublié sa chef et ses allers-retours en train…

Son bilan de santé est bon : le fer s'est rétabli dans les limites de la normale.

Je la félicite : d'avril à septembre elle a perdu 11 kilos.

C'est très bien pour une femme qui a une vie fatigante : une famille, un travail, des trajets tous les jours…

■ *La chirurgie réparatrice ?*

Nous continuons ainsi, je la vois toutes les six semaines, et réadapte le traitement en fonction de ses besoins. Ainsi, en novembre, elle se sent très fatiguée : elle a eu des soucis de transport et de travail ; de nouveau elle dort mal, elle a des crampes, les maux de dos reviennent, nous en parlons, nous refaisons une alimentation un peu plus «dense» ; j'introduis des féculents cinq fois dans la semaine, je lui prescris un traitement à base d'oligo-éléments plus ciblés sur la fatigue.

Une autre question se pose. Évidemment, on ne perd pas autant de kilos sans que le corps s'en ressente. Son ventre présente un tablier abdominal très net et cela la gêne énormément, tant pour son regard dans la glace que pour le regard de son mari, ce que je comprends fort bien.

«Que puis-je faire pour mon ventre, me demande-t-elle. Y a-t-il des crèmes ? La gymnastique peut-elle en venir à bout ?

– Très honnêtement, non. Je suis pour la gymnastique, je ne suis pas contre les crèmes, mais ce ne sera pas efficace. Dans votre cas, Il n'y a pas d'autre solution que l'intervention, la chirurgie réparatrice.»

Je lui dis de bien réfléchir, d'en parler avec son mari, parce qu'il ne s'agit pas un geste chirurgical anodin. Si elle se décide, je lui donnerai l'adresse de trois chirurgiens, en qui j'ai confiance, qu'elle ira consulter. C'est à elle de faire son choix.

Six semaines plus tard, en janvier 2006, elle revient, et là, oh joie, malgré les fêtes, elle a encore maigri ! Elle est à 70,4 kg : 15 kg perdus en 9 mois, c'est bien !

Elle m'informe sa décision : elle veut se faire opérer.

Elle m'avoue qu'elle bloque, qu'elle en a assez du régime, des haricots verts, des épinards et du pot au feu dégraissé ! « C'est peut-être le moment de vous faire opérer parce que la perspective de l'intervention va déclencher une nouvelle motivation pour perdre les derniers kilos ! » Elle repart, avec les adresses de mes trois confrères, qu'elle doit consulter.

■ *Un an après notre première consultation*

Je la reverrai encore deux fois avant l'opération, et trois semaines avant, en avril 2006. Un an après notre première consultation, elle a largement rempli nos objectifs. J'avais raison, la perspective de l'opération a été un puissant moteur.

Le bilan est plus que positif : elle est à 67,4 kg.

Je lui explique qu'elle devra ensuite à tout prix préserver ce résultat et ne pas regrossir. Nous nous donnons donc rendez-vous pour la stabilisation.

Elle se fait opérer trois semaines après. Tout se passe très bien. Mon confrère chirurgien réparateur lui offre même une petite lipo-aspiration des cuisses et des hanches car il la trouve sympathique et touchante ! C'est vrai qu'elle est touchante, Céline : bien souvent, lors de nos consultations, elle me parle des difficultés avec ses enfants. Ainsi, le petit avait fugué… Une très courte fugue mais qui avait valu une grosse inquiétude et une tablette de chocolat entière à sa maman ! Un autre gros souci avait déclenché une crise d'urticaire : fragile et touchante Céline.

■ *La stabilisation*

Céline revient un mois après et je décide, à 67,4 kilos, de la stabiliser. Elle est tellement enchantée qu'elle continue de maigrir, descendant sous la barre des 65 kilos. J'ai la sensation qu'elle est prise dans un engrenage : elle me confie qu'elle est allée s'acheter une jupe en taille 40 et qu'elle ne s'est pas reconnue dans la glace... On est sur une pente dangereuse ! Je ne veux plus qu'elle maigrisse. Perdre près de 20 kilos de gras en un an, c'est largement suffisant. Elle n'a jamais été très mince, sa morphologie, ses antécédents familiaux et pondéraux le prouvent. Elle ne le sera jamais, c'est un combat perdu d'avance. Je le lui explique gentiment. Il faut qu'elle s'accepte, ses rondeurs sont son identité. Heureusement, elle m'a entendue.

Son régime de stabilisation :
• Le petit déjeuner demeure identique.
• Le midi, je réintroduis des féculents 3 fois par semaine, du fromage de temps à autre (à la place du yaourt ou du fromage blanc).
• Je rajoute 2 desserts dans la semaine (à la place du fruit).
• Elle sait qu'elle doit éviter le grignotage en rentrant le soir et que, quand elle y cède, il doit être sage, à base de fromage blanc et de fruit.
• Au dîner, j'autorise 2 fois une quiche ou une tarte, 2 fois du poulet avec des légumes, 2 fois de la viande rouge, toujours avec des légumes.
• Et un dîner *« copain »* car elle reçoit beaucoup. Comme elle fait notamment des soirées crêpes, je lui autorise deux

crêpes salées, une sucrée (mais pas avec de la pâte à tartiner chocolat-noisette, trop riche, plutôt à la compote.)

■ *Le suivi*

Je la revois deux mois plus tard. Elle pèse 65,300 kg. Pas de problème. Je la laisse naviguer, elle maintient très bien son poids. Pendant environ un an, je la vois tous les deux-trois mois. Elle est à 66,2 kilos, le poids qu'on s'était fixé.

■ *L'évolution des mensurations de Céline*

Taille : 1,65 m	Consultation					
	n° 1	n° 2	n° 3	n° 4	n° 5	n° 6
Poids	85,4 kg	79,6 kg	74,5 kg	70,4 kg	67,5 kg	66,2 kg
Poitrine	102 cm	97 cm	95 cm	93 cm	91 cm	91 cm
Taille	91 cm	83 cm	79 cm	76 cm	75 cm	75 cm
Bassin	113 cm	108 cm	105 cm	104 cm	102 cm	99 cm
Cuisse	71 cm	67 cm	64 cm	62 cm	61 cm	60 cm

■ *Pour ne pas craquer*

Tout récemment, Céline et son mari ont eu le projet d'acheter une maison et la voilà reprise de panique! Elle comptait sur une augmentation de salaire qu'elle n'obtient pas. Avec le stress, ses vieux démons la reprennent.

Je lui explique que je ne peux pas changer sa vie, je ne peux être ni sa banquière ni sa décoratrice. Je suis sa nutritionniste. Il faut que je la surveille, que je la protège un peu et fasse en sorte que sa nouvelle silhouette, à deux kilos près, la séduise suffisamment pour qu'elle ne la détruise pas. Pas question de bousculer la belle œuvre du chirurgien (d'autant plus qu'il y a des raisons médicales à cela : cette jeune femme, outre son tablier abdominal, présentait une éventration sérieuse nécessitant un travail chirurgical plus important que prévu).

Je lui donne mon numéro de téléphone privé : qu'elle m'appelle tous les dix jours pour que nous fassions un point ; cela la rassure et la remet sur le chemin d'une alimentation plus structurée qui va lui permettre de reperdre 1 à 1,5 kilo et surtout de ne plus faire n'importe quoi.

Cela arrive souvent dans les pertes de poids. Les patients n'osent plus venir parce qu'ils ont craqué et parce qu'ils ont honte. Je le dis haut et fort : le nutritionniste est là pour qu'il y ait un résultat mais aussi pour accompagner et protéger ce résultat. Il faut oser faire appel à lui si vous vous sentez perdre pied et, bien sûr, si vous avez perdu pied !

■ *Pour les personnes stressées*

Les personnes stressées ont tendance à se porter sur les aliments plutôt gras et sucrés au détriment des protéines et des légumes. Il va donc falloir donc réintroduire ces deux types d'aliments. Elles ont tendance à grignoter et à escamoter les repas, qu'elles prennent rapidement. Il faudra, au contraire, réapprendre à prendre son temps et à faire de vrais repas qui limiteront les envies de grignotage, en « calant » suffisamment. Manger ne signifie pas avaler.

Petits déjeuners

Ils doivent vous permettre de tenir toute la matinée, il ne faut pas les escamoter, mais prendre son temps et les savourer.

Petit déjeuner n° 1 :
– thé ou café sans sucre ou avec édulcorant ;
– 40 à 50 g de pain avec du fromage à tartiner allégé ;
– 1 fruit : 1 pomme ou 1 poire ou 1/2 mangue ou 1 pamplemousse, pour les vitamines et les fibres.

Petit déjeuner n° 2 :
– thé ou café sans sucre ou avec édulcorant ;
– 40 à 50 g de pain ;
– 1 tranche de jambon ou 1 œuf coque ;
– 1 fruit de saison.

Petit déjeuner n° 3 :
– café ou thé sans sucre ou avec édulcorant ;
– 150 g de fromage blanc à 20 % de MG ;
– 100 g de fruits frais coupés.

Ces trois petits déjeuners contiennent des protéines (œufs, jambon, fromage, laitage) du calcium (laitages) des glucides (pain), des fibres et des vitamines (fruits).

Pour celles (et ceux) qui n'aiment pas les laitages : on trouve du calcium en abondance également dans le fromage, spécialement le gruyère, les œufs et les eaux minérales type Hépar, Contrex, Courmayeur, Talians.

Déjeuners

Au restaurant d'entreprise ou au restaurant :
– crudités ou 1/2 pamplemousse ;
– le plat du jour sans sauce ;
– légumes verts (à condition qu'ils ne baignent pas dans la sauce) ;
– un peu de féculents, pour éviter le creux de l'après-midi ;
– 1 café ou 1 décaféiné ;
– 1 carré de chocolat noir pour le plaisir.

À la maison :
– rosbif ou gigot pour toute la famille (2 tranches) ;
– haricots verts ou des courgettes et des aubergines, etc. ;
– 1 morceau de fromage à pâte molle avec 30 g de pain.

Une sortie, au restaurant :

– 1 poisson poché (pavé de saumon ou dos de cabillaud ou filet de dorade) avec épinards ou poireaux ou fenouil ;

ou

– 1 choucroute de poisson ;

– 1 salade de fruits frais ou 1 carpaccio d'ananas ou 1 sorbet (sans les tuiles aux amandes !).

Vous avez le droit à 1 verre de vin ou à 1 coupe de champagne en apéritif mais sans amuse-bouche.

Dîners

Dîner n° 1 :

2 fois par semaine

– 1 soupe sans pommes de terre (attention : ce plat rassasie certaines personnes alors qu'il en fera gonfler d'autres) ;

– 2 tranches de jambon ou 2 tranches de poulet ;

– salade verte (facultative pour celles qui auront pris du potage de légumes) ;

– 1 laitage.

Dîner n° 2 :

2 fois par semaine

– 1 plat de pâtes complètes (70 g en poids sec) cuites *al dente* avec un filet d'huile d'olive et un mélange de légumes : tomates, champignons, aubergines, courgettes (on peut utiliser une ratatouille bio, surgelée).

Un plat unique idéal à bases de protéines végétales, glucides lents à indice glycémique moyen, contenant des graisses polyinsaturées, avec présence de lycopène protecteur, que l'on trouve dans la tomate cuite.

Dîner n° 3 :
2 fois par semaine
– 200 g de poulet rôti aux herbes ou 200 g de lapin au four ;
– avec des brocolis ou des endives, toujours avec 1 cuil. à café de gras par personne.
– 2 kiwis, ou 2 clémentines ou encore de la pastèque, selon la saison.

Une astuce : vous pouvez garder votre dessert pour l'après-midi ou la soirée si vous le désirez, vous pouvez l'accompagner d'une tisane antistress, par exemple de camomille et de fleur d'oranger.

Je recommande des compléments alimentaires antistress, à base d'huile de poisson pour les oméga 3, magnésium, mélisse, vitamine C, E, B6, zinc, sélénium et bêtacarotène. On peut trouver tout cela dans une seule gélule.

La relaxation, le yoga, des massages doux, peuvent apporter un mieux-être parce qu'ils destressent d'une façon formidable et nous font prendre conscience de notre corps et de ses tensions.

LES KILOS TRAVAIL

■ *D'où viennent-ils ?*

La France, je ne l'apprends à personne, a la réputation d'être le pays de la gastronomie, un de ceux où l'on mange le mieux au monde. Pas de virée dans l'une de nos régions sans un arrêt dans une auberge ou parfois une table étoilée pour savourer une recette du terroir. Mais ces délicieuses traditions sont rarement économes en graisses et en sucres. Qui les affectionne doit les apprécier avec modération : nos modes de vie ne sont plus ceux de nos arrière-grands-parents paysans. Et nous ne voulons plus ressembler à nos grands-tantes replètes et nos arrière-grands-oncles très rubiconds, la cinquantaine venue.

D'accord pour la choucroute de temps à autre, le cassoulet idem, la fondue savoyarde une seule fois, aux sports d'hiver, le foie gras à la table de fête, et le kouign-aman rapporté par une cousine, pour un thé d'hiver... À condition ensuite d'alléger, de retrouver les bons réflexes, de redevenir raisonnable... surtout passés 18 heures où la graisse a une fâcheuse tendance à rester stockée.

Les commerciaux qui sillonnent les routes de France, déjeunent avec les clients, et goûtent à la gastronomie locale pour faire plaisir, peuvent être soumis à de véritables débordements et empâtements d'autant plus rapides qu'ils ne se méfient pas. C'est ce qui est arrivé à Paul, jeune cadre frais émoulu de son école de commerce, qui a brutalement changé de mode de vie et de mode alimentaire.

Les kilos travail se retrouvent essentiellement sur les joues, le cou et le ventre.

■ *Paul paie cher les repas clients*

Paul, grand gaillard de 27 ans, sympathique et souriant, est ainsi venu me consulter sur les conseils de sa sœur aînée à qui j'avais fait perdre 4 kilos, souvenir de sa grossesse. Après des études universitaires et une école de commerce à Lille, il est entré dans la vie professionnelle depuis 7 mois : « J'ai eu beaucoup de chance, me confie-t-il. J'ai trouvé assez vite un poste à responsabilités. » Et qui comporte de fréquents déplacements en France : son secteur est le Sud-Ouest et le Midi. Ce qui implique de prendre des TGV et des avions de très bonne heure.

Depuis son adolescence, Paul avait maintenu son poids à 2 ou 3 kilos près. Pendant ses études, logé sur le campus, il faisait du sport et mangeait raisonnablement, la plupart du temps au restaurant universitaire. Mais, quand il vient me voir, il me dit ne plus fermer ses vestes de l'année précédente et être presque étranglé par son col de chemise : « Regardez mon cou, je crois qu'il a doublé de volume ! » Il a desserré de deux crans sa ceinture et évite de fermer le bouton de son pantalon. « Une vraie catastrophe ! » conclut-il.

Je regarde sa ceinture en beau cuir noir, mais très abîmée par les centimètres en trop. Elle fait usé, râpé. Je me garde de le dire à ce jeune homme qui semble si attentif à son look.

■ *L'examen médical*

Pas de problème au niveau de son bilan médical : son médecin traitant le lui a fait pratiquer récemment. Quant à ses antécédents familiaux, son père est costaud avec une haute tenson artérielle et du cholestérol. Sa mère va parfaitement bien.

Il dort bien, son métier ne le stresse pas trop, il n'a pas de problème articulaire. Après des repas copieux, il gonfle, c'est banal. Sa tension est de 13/8. En 7 mois, il a grossi de 9 kilos, il se sent essoufflé. Ce beau brun musclé a arrêté totalement le sport, par manque de temps.

■ *Le bilan alimentaire*

« Ne trichons pas et racontez-moi vos journées alimentaires, lui dis-je.

– Bien souvent le matin, je ne prends rien, je suis trop pressé : un café sans sucre quand je suis à la maison. Dans le TGV ou dans l'avion, le plateau : thé ou café croissant (industriel), jus de fruit (rempli de sucre : c'est moi qui commente).

« Quand j'ai un déjeuner "client", huit fois par mois environ, les clients me poussent à goûter la gastronomie de leur région : une terrine de foie gras dans le Sud-Ouest, puis, souvent, un confit de canard avec des pommes de terre sarladaises, puis rien (car heureusement il n'aime pas les desserts !). Dans le Midi, une bouillabaisse (avec la rouille hyper riche !) ou un poisson grillé (avec la sauce aïoli) et pommes vapeur et un café. »

Heureusement, il boit peu, au maximum deux verres de vin par jour, jamais d'apéritif.

Il est toujours de retour chez lui le soir, seul à présent dans son studio du XIVe arrondissement parisien et non plus chez ses parents, où sa maman lui préparait des plats équilibrés.

Il achète à la va-vite, au supermarché en bas de chez lui, du taboulé ou des carottes râpées (qui baignent dans l'huile), des nuggets de poulet, ou des saucisses de Francfort, une quiche, des pâtes fraîches cuites en trois minutes... une pomme s'il y pense, pas de légumes, pas de laitages.

■ *Objectif*

Paul pèse 94,8 kg. Son bon poids serait de 85 kilos, me dit-il. Je suis d'accord avec lui.

■ *Mon ordonnance alimentaire*

Je m'aperçois qu'il n'a aucune idée de l'équilibre alimentaire et, évidemment, je corrige son alimentation qui me paraît trop riche mais ne dépend pas complètement de lui.

Dans le TGV ou l'avion, comme je ne changerai pas la composition des plateaux de petit déjeuner, je lui demande au moins de supprimer le jus de fruit et de se contenter d'un verre d'eau à la place.

Déjeuners

Je comprends que Paul doive sacrifier à la gastronomie locale pour faire plaisir à ses clients, mais il peut prendre, par exemple :

Dans le Sud-Ouest :
– 1 salade avec gésiers et foies de volaille ;
– 1 magret de canard (sans manger la peau) ;
– avec des haricots verts.

Dans le Midi :
– des anchois ou des poivrons grillés en entrée ;
– 1 poisson grillé sans sauce (rouget, dorade ou autre) ;
– avec du riz ou des pommes vapeur.

Au restaurant d'entreprise :
Comme il adore la viande, je lui propose :
– crudités en entrée ;

– 1 viande grillée avec des légumes verts (et un peu de féculents ou de pain) ;
– 1 laitage : il aime cela, mais n'y pense jamais.

Dîner

Qu'il remplisse son congélateur et son frigo de : poisson, escalope de poulet, viande à griller, jambon et légumes verts surgelés, en portions individuelles, à mettre dans son four à micro-ondes. Ainsi que de fruits de saison et des laitages.

Je lui demande de mettre au point pour son alimentation une organisation comparable à celle qu'il établit pour ses clients : il doit anticiper, ne pas être pris de court. En revanche, le week-end, je le laisse tranquille : il fait parfois la fête avec des copains, mais je sais qu'il boit peu d'alcool.

Je lui demande en revanche de boire de l'eau, suffisamment, ce qu'il ne faisait pas, en lui expliquant que les mouvements d'eau dans l'organisme l'aideront à rester en forme.

Comme trois week-ends sur quatre il est à Paris, je voudrais qu'il s'inscrive dans une salle de gym, s'il se sent le courage d'y aller, ou qu'il aille courir au parc Montsouris, tout proche de son domicile.

■ Deuxième consultation

Lorsque nous nous revoyons six semaines après (il a reporté son rendez-vous de deux semaines à cause d'un déplacement professionnel), Paul, très discipliné, est descendu sous la barre des 90 kilos : il est à 89,6 kilos.

Il faut savoir que les patients que l'on fait passer ainsi de 3 500 à 2 500 kcal par jour maigrissent. De plus, les hommes maigrissent plus facilement que les femmes, je l'ai déjà dit : leurs hormones ne s'y opposent pas. Paul est ravi et encouragé à continuer sur sa lancée mais il m'annonce qu'il part une semaine aux sports d'hiver, avec des copains, à l'UCPA. Formidable, il va faire du sport, être au grand air, hors de la pression du travail. Il ne fera aucun régime et se dépensera beaucoup. Mais il ne devra pas abuser : tel est le contrat que nous passons.

■ *Troisième consultation*

Paul n'a pas abusé, il s'est discipliné de lui-même : une seule raclette et une seule fondue dans la semaine, pas d'alcool quand il sortait en boîte de nuit, juste du Perrier rondelle, jamais de dessert et beaucoup de ski. Quand il revient tout bronzé, tout beau (est-ce le sport, la détente, je n'en sais rien), il est à 88,8 kilos. La bataille va se concentrer sur les 3,5 kilos à perdre en deux mois, et surtout sur sa nouvelle hygiène alimentaire à pérenniser.

Le printemps arrive, le parcours sera plus facile pour lui, permettant plus de variété.

Le ski l'a décidé à refaire un peu de sport, pas très intensément mais plus régulièrement : il s'est inscrit avec un copain dans une salle de sport qu'il fréquente une fois par semaine. Nous élaborons ensemble *ses menus de printemps*.

Petit déjeuner

J'essaie de l'amener à prendre quelque chose le matin chez lui :
– 1 thé ;
– 1 tranche de pain, si possible complet ou de seigle (il le préfère toasté) ;
– 1 tranche de jambon ou 1 petit morceau de fromage.

Avion ou TGV : aucun conseil car, hélas, je ne peux négocier avec les compagnies !

Déjeuner

Au restaurant ou au restaurant d'entreprise :
– melon ou asperges ou poireaux vinaigrette ou tomates mozzarella, etc. ;
– viande ou poisson grillé ou brochettes ;
– légumes verts ;
– un peu de féculents (sauf des frites) ou 2 morceaux de pain (environ 50 grammes) ;
– 1 café sans sucre ou avec édulcorant.

Dîner à la maison

Il sait quoi trouver dans son frigo, qu'il doit remplir le week-end : jambon, steak haché, œufs, poisson, portion de légumes verts, salades. Toujours un laitage ou un fruit le soir.

■ *Dernière consultation*

Six semaines après, nous avons atteint nos objectifs. Il remet les vestes et les pantalons qu'il ne pouvait plus fermer. Son col de chemise boutonne sans serrer. Il se rend à la salle de sport une fois par semaine. Il me dit avoir rencontré une petite amie. Je ne suis pas sûre que ce soit l'amour de sa vie mais rien que pour elle, il veut être beau. Et le grand amour, c'est son problème !

Paul n'a pas peiné, il a été un excellent élève, il avait vraiment envie de mincir et il n'avait jamais été gros. Heureusement pour lui, il avait les bonnes cartes en main.

■ *L'évolution des mensurations de Paul*

Taille : 1,83 m	1re consultation	2e consultation	3e consultation	4e consultation
Poids	94,8 kg	89,6 kg	88,8 kg	85,5 kg
Ceinture	102 cm	96 cm	95 cm	93 cm

■ Les règles d'une bonne hygiène alimentaire

Je lui explique les règles d'une bonne hygiène alimentaire qu'il doit s'efforcer de conserver malgré les aléas de la vie, pour éviter ces calamités kilos qui s'abattent sur vous si vite :

• qu'il limite les dîners/sorties où il consomme n'importe quoi à un par semaine ; d'origine espagnole, il apprécie particulièrement les tapas arrosés de sangria : attention danger.

• qu'il continue à éviter les jus de fruits pleins de sucres du TGV ou de l'avion.

• lui qui aime la viande, qu'il la consomme grillée, rôtie, en brochette de préférence.

• qu'il évite de l'associer avec des féculents, mais plutôt avec des légumes verts.

• il mange peu de fromage : qu'il le réserve au petit déjeuner.

• Il aime le pain : qu'il choisisse le pain complet, de seigle ou au levain, qu'il évite le pain blanc, à l'index glycémique élevé.

• Qu'il n'oublie pas les fruits et les laitages, qu'il occultait totalement.

• Qu'il pense à boire des verres d'eau pendant et en dehors des repas, pour éviter d'être fatigué, surtout quand il fait du sport.

• Il peut tout à fait associer le poisson et les féculents : pomme de terre vapeur ou riz, de préférence complet, ou boulgour ou semoule.

• S'il prend 2 kilos, qu'il revienne me voir sans attendre !

■ *Se reprendre en main après un dérapage*

C'est ce qu'il a fait un an et demi plus tard.

Il revient à mon cabinet après avoir passé un an en Espagne pour son travail. Il est encnanté par son nouveau poste, mais affolé par les tapas et les tortillas ! Et il a eu du mal à s'adapter aux horaires des repas. Il a repris 2,5 kilos et il profite d'une semaine de vacances à Paris pour reprendre rendez-vous.

Lui qui buvait très peu goûte de façon assez immodérée la sangria lors des douces soirées qu'on prolonge entre collègues. Les horaires décalés des repas (14 h et 22 h) l'affament, et il se jette sur les entrées comme les poivrons à l'huile, et autres délices trop gras...

Il faut reprendre les choses en main :

– les tapas et la tortilla, pas plus d'une fois par semaine et pas le même jour ;

– attention aussi à la sangria, un verre pas plus, on passe à l'eau ensuite ;

– il travaille très tôt le matin et ne prend qu'un café au réveil. Je lui demande de prendre un petit déjeuner vers 10 heures du matin avec des protéines : café, œufs, jambon ou laitages, un fruit, pour éviter de se jeter sur les entrées trop grasses du déjeuner ;

– pour le déjeuner et le dîner, privilégier les poissons grillés (avec du riz) et les brochettes avec de la salade ou des légumes verts, et terminer par un fruit.

Heureusement pour Paul et pour moi, nous avons une alliée de choix, en la personne d'une jeune Espagnole qui, ayant perdu elle-même quelques kilos, me dit-il, le surveillera. Quel bel accompagnement pour le jeune homme !

Le reverrai-je ? Je n'en sais rien et je ne l'espère pas. Ce sera signe que tout va bien.

■ *Après un festin (régional ou pas), une journée rattrapage*

Afin d'en éliminer les effets sur votre poids, si vous avez fait bombance le midi, le soir ne consommez qu'une protéine (œuf, jambon, poulet) plus une salade verte et un fruit frais. Dans tous les cas, le lendemain vous ferez une journée rattrapage.

Petit déjeuner

– 1 grand verre d'eau au réveil ;
– 1 thé ou 1 café non sucré ou avec édulcorant ;
– 1 yaourt nature ou une barquette de fromage blanc à 20 % de MG sans sucre ou avec édulcorant (des protéines et du calcium).

Dans la matinée, buvez de l'eau.

Déjeuners

Déjeuner n° 1 (version plutôt féminine) :
– 1 jus de légumes ;
– 200 grammes de poisson ou 2 blancs de poulets ou 3 œufs mollets ;
– 1 grande tasse de fromage blanc à 20 % de MG ou de cottage cheese non sucré ou avec édulcorant (on insiste sur les protéines et le calcium) ;
– dans l'après-midi : 1 tisane et 1 fruit frais.

Déjeuner n° 2 (version plutôt masculine) :
– 180 g de viande maigre ou de volaille grillée ;
– 250 g de légumes verts ;
– 1 fruit frais.
Des protéines, des fibres et des vitamines.

Dîners

Dîner n° 1 (version plutôt féminine) :
– 1 potage de légumes mixés ;
– 1 bol de compotes de fruits sans sucre ;
Un dîner très léger avec des vitamines et des fibres.

Dîner n° 2 (version plutôt masculine) :
– 1 potage de légumes ou salade verte ;
– 2 œufs coque ou 2 tranches de jambon blanc ;
– 1 laitage nature sans sucre ou avec édulcorant.
L'essentiel : des protéines, des fibres, des vitamines.

LES KILOS GOURMANDISE

■ *D'où viennent-ils ?*

Les hommes représentent près de quatre de mes patients sur dix. Ils consultent d'abord pour leur santé, mais ils n'oublient pas la séduction, ou alors c'est leur femme qui y pense à leur place !

Ils sont souvent affectés de cette graisse dite androïde (eh oui typiquement masculine parce que les femmes en sont protégées, au moins jusqu'à la ménopause – pour une fois leurs hormones les avantagent), qui siège sur la partie supérieure du corps et spécialement la taille, l'estomac, le ventre. Le tour de taille dépasse celui du thorax et des membres inférieurs.

Pourquoi cette graisse est-elle dangereuse ? Parce que celle que l'on voit à l'extérieur se trouve aussi à l'intérieur : elle entoure les organes, les viscères, les artères. Et là, elle peut faire des dégâts sur le plan métabolique et cardio-vasculaire. Cette graisse est celle de la sédentarité et de la surcharge : les personnes qui en sont atteintes mangent trop – de graisses, de sucres – boivent trop (et souvent somnolent après le repas) et bougent trop peu.

Mais la bonne nouvelle c'est que ce type de graisse répond bien à un régime alimentaire riche en protéines, pour peu qu'il limite parallèlement les sucres et les graisses et qu'il soit bien suivi. Et qu'il soit accompagné d'une reprise de l'activité physique. Car le but est de maigrir pour diminuer le taux de sucre, de graisses, de triglycérides qui circulent dans le sang et de mettre le patient à l'abri du danger.

Oui, on peut parler de danger. Une étude très récente a montré que le risque de mortalité était environ deux fois plus grand chez les hommes ayant un tour de ceinture de 120 cm et pour celui des femmes de 100 cm.

Ces travaux ont prouvé qu'un excès de graisse autour de la taille accroît le risque de mortalité de 17 % chez les hommes et de 13 % chez les femmes, même si leur IMC est le même que chez un homme ayant un tour de taille à 100 cm et une femme à 80 cm. Le danger des graisses au niveau de la ceinture abdominale s'explique par le sécrétion de protéines et d'hormones qui contribuent au développement des maladies cardio-vasculaires, voire cancéreuses. Personnellement, chez les hommes, comme chez les femmes, quel que soit le poids, je m'attache particulièrement à leur tour de ceinture.

■ *Jean-Jacques, l'amoureux de la vie qui ne compte pas*

Jean-Jacques m'avait été adressé par son cardiologue: c'est un éditeur de 48 ans d'un abord extrêmement sympathique, gourmand, d'une gourmandise qui embrasse tout: le salé, le sucré, la vie tout entière. Il ne se fait pas prier pour se raconter : «J'ai toujours été rond, j'aime tout, mais voilà, je viens de me remarier, j'ai une délicieuse petite fille de six mois, je veux en profiter, je ne veux pas tomber malade. Je sais qu'il faut que je sois raisonnable : mon taux de sucre est à 1,6 gramme malgré les médicaments, mon taux de cholestérol dépasse les 3 grammes, quant à mes triglycérides, c'est un véritable festival ! Mais je vous préviens, vous n'êtes pas la première à me mettre au régime : je tiens dix jours et je craque. Que voulez-vous, devant un cassoulet, je salive, pas devant un bol de fromage blanc même aux fines herbes, aux radis et aux tomates cerise ! »

J'étais fascinée par la façon dont il se racontait, car tout était joyeux, même ses troubles ! Fascinée, mais pas au point de perdre notre objectif. Ses résultats à la main, je l'évalue :

« Cher monsieur, lui dis-je, nous allons nous y mettre, il faut que vous perdiez 10 kilos de graisse, en cinq mois, c'est possible.

– Horreur, mais je ne vais plus manger !

– Vous allez surtout réduire beaucoup de choses, notamment au niveau de l'alcool. D'abord, plus question d'apéritifs et de digestifs ! Je sais, ce sont les repas d'affaires, la convivialité, mais il va falloir faire autrement. »

Il est très rare que je sois aussi directive, mais je me trouvais devant un homme avec des risques cardio-vasculaires importants.

Il avait arrêté de fumer quelques années auparavant les gros cigares qui accompagnaient son cognac, il lui restait à laisser tomber cognac et petite prune ! C'était un moindre effort, me semblait-il.

Il soupire : « Des efforts, j'en ai fait, des régimes aussi, mais ce qui est terrible avec les gros, c'est que, même quand ils maigrissent, on continue à les voir gros. J'ai l'impression que même maigre, j'aurais l'air d'un panda.

– D'abord, il y a des pandas plus ou moins ronds et surtout pour le moment, vous n'avez pas l'air d'un panda, mais d'un homme qui a besoin de se prendre en mains. »

Il en rajoute, évoquant ce qu'il aime – confit de canard et pommes sarladaises – et ce que je vais le forcer à avaler : yaourt sans sucre et salade verte sans assaisonnement ! Je sais qu'il va falloir négocier serré et prévoir du robuste mais du suivi.

Et puis j'ai des alliés : sa santé, sa femme et l'esthétique. Il me raconte avoir voulu enlacer sa femme pour un tendre slow. Catastrophe : son ventre faisait écran !

■ *L'examen médical*

Jean-Jacques est traité et suivi par son cardiologue.

Sa tension est de 15/10 malgré le traitement. Il n'a ni trouble digestif ni maux de tête. En revanche, il présente des apnées du sommeil, trouble classique chez les gens en surcharge pondérale et en particulier chez les hommes.

« Ce ne doit pas être très agréable pour votre femme de vous voir avec un appareil pour respirer.

– Je l'ai essayé et je ne le supporte pas », coupe-t-il.

Je lui donne des oligoéléments pour qu'il soit en forme et un produit à base de thé vert, en gélules, pour l'aider à mieux brûler, à condition bien sûr qu'il réduise ses agapes.

■ *Le bilan alimentaire*

Son petit déjeuner se résume à un café avec un sucre, il ne prend rien dans la matinée, pas même de l'eau. Déjeuner : toujours un apéritif sous forme d'un kir au champagne, quatre fois par semaine. Ensuite ? Il me cite en exemple son repas de la veille : saumon fumé avec deux blinis et de la crème fraîche, une côte de bœuf frites, une demi-bouteille de vin, pas de dessert, un café. Dans l'après-midi : un peu d'eau. Le dîner se passe très souvent en réceptions chez des amis ou chez lui ; il aime cuisiner riche : beaucoup de volaille, à la crème, au curry…

Il consomme du fromage le soir, il sert de bons vins, bien entendu un apéritif, souvent un digestif pour prolonger la soirée entre amis : je lui suggère les tisanes qui sont à la mode dans les dîners parisiens ! Il fait un peu la grimace, mais acquiesce.

■ *Mon ordonnance alimentaire*

Petit déjeuner

– 1 café sans sucre ou avec édulcorant ;
– 1 fruit.

L'idée ne l'enthousiasme pas mais il concède qu'un jus de pamplemousse le « décrassera ». On ne peut mieux dire, vu ses plantureux dîners !

Déjeuner

Tous les midis, Jean-Jacques est au restaurant, rarement seul. Comme il n'aime pas les crudités, je lui propose 1 salade composée avec des foies de volaille et des gésiers ou bien des huîtres ou des praires mais sans pain ni beurre, ou encore 1 tartare de saumon ou du saumon fumé (sans blinis évidemment), des crevettes ou langoustines nature, un chèvre chaud sur salade (1 fois par semaine), des asperges en saison, des tomates mozzarella...

Ensuite, qu'il prenne une viande grillée avec des légumes verts ou, mieux, un poisson avec des pommes de terre bouillies ou vapeur.

Il n'est pas très dessert et se contente d'un café la plupart du temps, parfait. Sinon qu'il termine par de l'ananas ou une coupe de fruits frais.

Dîner

Je souhaite qu'il se passe au minimum 4 fois par semaine chez lui, en famille.

À la maison :
– 1 soupe de légumes, il adore ça. « Combien de cuillerées de crème fraîche puis je mettre ? me demande-t-il ? – Une seule et allégée ! » (les négociations sont rudes !) ;
– volaille ou poisson ou jambon, mais qu'il se limite dans les quantités ;
– des légumes ou de la ratatouille ou de la salade : il aime tout !

130

– qu'il termine avec ce fameux fromage blanc aux fines herbes ou de la compote sans sucre.

J'autorise 2 verres de vin à chaque repas plus 1 pour l'apéritif, de temps à autre (et finis les kirs au champagne) et supprime le pain (ce qui ne lui pose pas de problème).

Il ne fait aucun sport : il a essayé le vélo avec son fils aîné au parc de Saint-Cloud mais s'est épuisé, le souffle court, au bout de 500 mètres : je ne vais pas le transformer en champion ! Pour le moment, contentons-nous de l'aérer et de lui faire pousser le landau de son bébé le dimanche matin.

■ *Deuxième consultation*

Je revois Jean-Jacques un mois après. Il a un peu dégon-flé : 3 kilos en moins et 4 cm de tour de ceinture. Je rede-mande un bilan sanguin : il a encore des triglycérides mais beaucoup moins, son cholestérol a diminué ; quant au sucre, il est quasiment stabilisé à 1,20 g au lieu de 1,60 g au départ.

Je suis satisfaite et lui aussi, bien qu'il ait eu faim et se pose des questions métaphysiques : «Mais pourquoi a-t-on inventé l'appétit ?» Je lui prouve que c'est sa nouvelle ali-mentation, avec l'aide de ses médicaments, qui a donné de bons résultats et qu'il doit continuer. Il s'y sent obligé : sa femme est contente et il a reculé sa ceinture de deux crans. Bien entendu, il a fait des écarts. Il essaie de m'attendrir en me disant combien c'est difficile pour lui. Mais il reconnaît qu'il se sent moins lourd et qu'il va travailler l'esprit beaucoup plus clair. Voilà un autre motif de satisfaction, lui dis-je.

Nous continuons donc sur notre lancée.

■ *Troisième consultation*

Je le trouve déprimé. Il me raconte une anecdote pour illustrer la tristesse de sa nouvelle vie : invité à un repas avec des éditeurs, il a partagé avec eux trois fonds d'artichaut sinistres, deux tranches de porc froid sans mayonnaise avec de la salade, un bol de framboise sans sucre, le tout arrosé d'une bouteille de Tavel à trois.

« Je me suis senti très frustré mais très léger, commente-t-il.

– L'important, c'est de changer vos habitudes alimentaires et de réviser un mode de vie qui, de toute évidence, n'était pas bon pour vous. Il vous faudra du temps, mais à l'arrivée, vous serez différent.

– Mon ventre et mon cou ont dégonflé, du coup ça me regonfle et je vais continuer ! » convient-il cependant.

Pour perdre ses 10 kilos, avec des rebondissements – au sens propre et figuré – incessants, il lui a fallu un an, et pour que je le stabilise, presque autant ! Car il a fait beaucoup d'écarts : il m'en a avoués autant qu'il m'en a cachés. Dix kilos, en un an, c'est vraiment très lent car les hommes font moins de régimes que les femmes et sont moins embarrassés par tous ces freins hormonaux qui ont pour nom œstrogènes et progestérone. De plus, ils souffrent rarement de rétention d'eau.

Mais le bilan est positif, surtout pour sa santé. Les chiffres sont rentrés dans la norme. Nous sommes quatre à être satisfaits : à part moi, son cardiologue, sa femme et lui-même.

■ *L'évolution des mensurations de Jean-Jacques*

Taille : 1,83 m	1re consultation	2e consultation	3e consultation	Dernière consultation
Poids	94,5 kg	91,5 kg	88,8 kg	84,8 kg
Ceinture	116 cm	112 cm	110,5 cm	107 cm

■ *La stabilisation est essentielle*

Je m'attache particulièrement à la stabilisation car il a eu tellement de mal à perdre ses kilos et les enjeux pour sa santé sont tellement importants qu'il ne doit vraiment pas les reprendre.

Nous négocions les règles auxquelles Jean-Jacques ne devra pas déroger :

• Pas plus de 4 charcuteries par semaine (hors jambon blanc), et jamais le même jour.

• C'est un amateur de pâtes : d'accord pour 2 fois par semaine, cuisinées avec beaucoup d'herbes, des aromates, et des légumes, en plat unique, suivis de 1 fruit.

• 6 féculents par semaine, pâtes comprises (en évitant les frites).

• Le fromage : 3 fois par semaine, jamais associé aux charcuteries et en évitant le soir.

• Plus jamais de digestif d'aucune sorte.

• Le vin : on reste à 4 verres par jour ; 1 coupe de champagne autorisée de temps à autre.

• Cuisiner à l'huile (olive ou colza) ou aux margarines allégées, ni beurre ni crème fraîche, sauf allégée de manière exceptionnelle.

• Oublier le pain beurré grignoté avant de commencer son repas au restaurant.

• Un repas par semaine est libre : qu'il se laisse aller à ses gourmandises, mais je ne veux rien savoir de sa bombance !

• Se peser une fois par semaine et au deuxième kilo repris, se précipiter à un rendez-vous !

■ *Bilan*

Je revois Jean-Jacques 6 mois plus tard : il est toujours à 85 kilos, il a recommencé à nager, a stabilisé son bilan lipidique. Sa nouvelle silhouette lui plaît. Oui, 10 kilos de graisse, cela fait une sacrée différence. J'aimerais bien qu'il perde encore 5 kilos, mais il n'est pas prêt et je le laisse tranquille pour le moment.

J'ai eu l'occasion de le voir interviewé à la télévision récemment, je peux assurer qu'il n'a pas regrossi.

J'ai gardé une lettre que cet amoureux de la vie, plein d'humour, m'avait apportée lorsqu'il a atteint son poids plancher. Elle disait qu'il m'élèverait un temple en forme de chou-fleur cuit à l'eau, dont les colonnes seraient de blancs de poireaux et les pelouses de carottes râpées et qu'il me dessinerait un jardin où les fontaines ne déverseraient que du jus de citron. Et que le pain même parasol en serait banni !

■ *Pour rétablir un taux normal de sucre, de cholestérol et de triglycérides*

Il faut éviter :
– les charcuteries sauf le jambon sans gras ;
– les avocats ;
– les fromages ;
– le beurre, la crème fraîche, la graisse d'oie et de canard ;
– les pâtisseries, les gâteaux, les viennoiseries, les confiseries, les glaces, les jus de fruit du commerce, les sodas, le miel, les chocolats, le sucre ;
– les cacahuètes, les amandes, les crackers, les amuse-bouche, les olives, les chips ;
– l'alcool ;
– pas plus de 6 œufs par semaine.

Et privilégier :
– les poissons (le poisson en boîte au naturel) ;
– les fruits de mer sans mayonnaise ;
– les fruits frais ou en compote sans sucre ajouté ;
– les légumes verts ;
– les laitages à 20 % de MG, les yaourts nature ;
– les féculents, en quantité raisonnable, et avec très peu de graisse ajoutée ;

– la viande maigre : volaille, veau, dinde, filet de bœuf, rumsteak, filet de porc.

Pour les repas d'affaires, cocktails et réceptions

À l'apéritif : 1 Perrier rondelle ou 1 jus de tomate (ce dernier a l'avantage de couper l'appétit). Exceptionnellement 1 coupe de champagne. Vous ne consommerez que les crudités : radis, tomates cerise, céleri, concombre s'il y en a.

Les entrées : vous prendrez celles à base de crudités ou légumes ou poissons ou fruits de mer, à condition d'éviter les sauces, trop riches. Par exemple : asperges, tartare de saumon, crevettes ou langoustines, terrines de légumes sans sauce, chèvre chaud sur salade…

Les plats : préférez un poisson grillé ou poché sans sauce ou beurre (vous pouvez avoir une pomme de terre vapeur ou du riz), ou alors une viande grillée ou une volaille. Demandez un accompagnement de légumes verts ou une ratatouille ou une salade verte. Buvez de l'eau de préférence mais on peut tolérer 2 verres de vin maximum par jour.

Les desserts : contentez-vous d'un café le midi et d'une tisane le soir si vous êtes amateur.

Si dérapage, rattrapage immédiat

Si vous n'étiez pas maître du menu et qu'il y a eu dérapage, compensez par un rattrapage au repas suivant. Le plus simple :

– 1 salade verte avec 1 cuil. à café d'huile d'olive et de colza, avec du vinaigre de xérès ;

– 2 tranches de jambon maigre ou de poulet ;

– 1 yaourt nature sans sucre ou avec édulcorant ;

ou

– 1 fruit frais de saison (mais pas de raisin ou de banane, trop riches).

Et évidemment pas de vin !

LES KILOS COMPENSATION

■ *D'où viennent-ils ?*

Nous, les humains, avons chargé la nourriture de bien d'autres fonctions que sa mission première : faire fonctionner notre organisme, entretenir notre corps, nous permettre de vivre, tout simplement. Elle doit, par exemple, nous réjouir, nous faire plaisir, mais aussi nous consoler, nous réconforter pour ce qui ne va pas dans notre vie. La nourriture acquiert une dimension psychologique et affective qui échappe à la rationalité. Et qui finit par peser lourd : ce sont les kilos de la solitude de la femme qui se retrouve seule chez elle le soir, le week-end, sans l'avoir choisi. Ce sont les kilos du chômage où le désœuvrement et l'angoisse nous propulsent vers le placard et la consolation du sucré, les kilos du chagrin, des coups du sort comme nous en rencontrons tous et toutes à un moment de la vie. Nous consommons alors trop de glucides et pas assez de protéines, de légumes et de fruits.

Chez les femmes, ces kilos sont généralement localisés sur les hanches, les fesses, et au niveau du plexus solaire, centre émotionnel par excellence. Chez les hommes, ces kilos sont situés sur la ceinture abdominale.

◼ *Caroline se console au chocolat*

Quand Caroline, 30 ans, entre pour la première fois dans mon cabinet, je vois une jolie jeune femme camouflée dans ses vêtements sombres, l'allure hésitante, le sourire rare : je me doute qu'elle ne va pas bien. J'essaie de la mettre en confiance. J'ai besoin que mes patients me racontent au moins une partie de leur histoire, parce que, très souvent, leurs kilos ont à voir avec elle. Je suis curieuse des personnes par métier et par goût des autres, mais, rassurez-vous, sans être inquisitrice ni intrusive. C'est en l'interrogeant sur l'origine de ses kilos que j'apprends qu'elle a vécu, huit mois auparavant, une rupture très douloureuse.

Journaliste dans la finance, elle vivait depuis quatre ans avec Olivier, trader dans une banque. Ils partageaient un appartement douillet à Montmartre, partaient en week-end en Normandie chez des copains une ou deux fois par mois. Ils étaient apparemment très heureux, bien installés dans cette vie douillette et elle pensait avoir des enfants avec son Olivier.

« J'aurais dû me douter de quelque chose, analyse-t-elle après coup, car depuis quelques mois, plus question du mariage évoqué l'année précédente. Lui qui était un amant attentif, ses câlins se raréfiaient mais j'ai pensé que ses élans descendaient avec les cours de la Bourse ! J'évitais de me poser des questions. Je ne voulais pas voir. »

Bref, un soir, il l'invite dans un restaurant où ils n'avaient pas l'habitude d'aller et là, coup de tonnerre : Olivier lui annonce qu'il la quitte parce qu'il est tombé amoureux, voici plusieurs mois, d'une de ses collaboratrices. Ses pleurs n'y changeront rien : sa décision est prise. Et ce fut le cas.

« Le week-end suivant, il est venu débarrasser ses affaires. Je me suis retrouvée toute seule dans l'appartement à moitié vide. » C'est vrai que le coup est rude !

Caroline s'est abandonnée à son chagrin. Laissant tomber le sport, ne voulant plus voir ses amis, elle s'est consolée en plongeant dans son frigo et ses placards, en mangeant n'importe quoi. Elle a fini par aller voir un psychothérapeute qui l'a écoutée et aidé peu à peu à surmonter son chagrin. Elle me dit aller mieux et avoir décidé de se prendre en main : elle ne rentre plus dans rien et son image dans le miroir ajoute à son mal-être : elle a déjà pris 6 kilos.

■ *L'examen médical*

Dans la famille de Caroline, personne n'est rond : sa mère, ses deux sœurs sont minces. En revanche, elle a eu de façon très transitoire à l'adolescence quelques problèmes de surpoids : demi-pensionnaire, elle se comportait en « délinquante » alimentaire : barres chocolatées, viennoiseries, sodas, frites rattrapaient ce qu'elle mangeait à la cantine, c'est-à-dire à peu près rien. Elle me raconte cela comme s'il s'agissait d'une période sans importance : elle n'a jamais été obsédée par son poids et sa silhouette.

Rien de marquant dans ses antécédents personnels, sinon angines et rhinites d'une grande banalité. Depuis sa rupture elle dort mal, elle ballonne et souffre du dos. Aucun problème de circulation. Elle dit avoir des crampes la nuit et parfois la joue et la paupière qui sautillent, ce qui montre un manque de magnésium.

■ *Le bilan alimentaire*

Au niveau alimentaire, je me rends compte qu'elle a perdu les pédales : pour le moment, elle ne sait plus manger, comme elle ne sait plus aimer. Je lui pose la question qui me taraude : «Êtes-vous vraiment prête à mincir, prête à entreprendre ce travail ? » Car je la sens très hésitante sur tout, dans ses réponses, dans son comportement. Et je lui propose de se donner un délai de réflexion d'une dizaine de jours, d'analyser sa motivation et de remplir, pendant ces dix jours, un carnet alimentaire. Je ne prends pas d'honoraires et nous convenons d'un nouveau rendez-vous.

Bien m'en a pris : deux jours après, elle annule notre rendez-vous. Elle reviendra cinq semaines plus tard. À son heure. Je la verrai entrer dans mon cabinet, moins accablée.

Son carnet alimentaire est consciencieusement rempli et je m'aperçois qu'il va falloir revoir toutes les bases et faire preuve de rigueur, car c'est l'anarchie. Une journée, au hasard : lait avec 4 cuillerées à soupe de poudre chocolatée et un croissant. Le déjeuner avec une amie (ah l'éternel restaurant japonais !) me convient à peu près, avec sa soupe, sa salade de choux, ses brochettes, son riz. Le dîner nettement moins : un plat surgelé tout prêt, genre quiche avec deux yaourts au chocolat. En soirée, elle a noté : chocolat. Et tout à l'avenant : pas de fruits, pas de légumes, peu de protéines animales.

■ *Objectif*

Nous décidons que Caroline doit perdre 6 kilos.

■ *Mon ordonnance alimentaire*

Petit déjeuner

– 1 verre d'eau au réveil ;
– 1 thé (non sucré ou avec édulcorant) avec du pain légèrement beurré ;
– 1 fruit frais : pêche, clémentine, ce qu'elle veut, sauf les éternels interdits, le raisin et la banane, trop sucrés.

Déjeuner

Au restaurant japonais :
– 1 soupe ;
– 1 salade de chou ;
– brochettes de poulet ou de poisson (sauf celles au fromage, trop grasses) ;
– riz nature.
Elle aime les sushis, les sashimis : encore mieux !

À la brasserie :
– le plat du jour : viande, volaille, poisson ;
– légumes verts et un peu de féculents (sauf les frites et les pommes sautées). Pas de pain.

Je lui demande de remplacer la crème caramel ou le gâteau au chocolat par 1 fruit qu'elle apporte au bureau. Le tout avec de l'eau.

Au dîner

Comme elle est seule chez elle, qu'elle ne se complique pas la vie. Qu'elle prenne :
– 2 œufs ou 2 tranches de jambon ou 1 escalope de poulet ;
– des crudités ;
– 1 yaourt nature ou 1 fromage blanc (sans sucre ou avec édulcorant) ou 1 compote allégée en sucre.

Le week-end

Elle a recommencé à sortir le samedi avec des amis, très souvent dans des *bars à tapas*. D'accord, mais avec un seul verre de sangria. Elle arrosera ensuite ses tapas à l'eau !

Elle se lève tard le dimanche et très souvent elle *brunche*, là encore, avec ses amis : des œufs au bacon, du pain, des fruits de saison, du thé.

Le *dimanche soir*, je l'engage à se préparer 1 soupe de légumes et à prendre 2 yaourts nature.

Elle n'est pas gourmande de plats riches mais grignoteuse de n'importe quoi, du facile et du tout-prêt qui remplissait son frigo. Je lui demande de faire un vrai marché chaque semaine car elle habite tout près de ces fameux marchés du 18e arrondissement où il y a de tout pas trop cher : qu'elle stocke dans son frigo et ses placards six œufs frais, un demi-poulet, une boîte de thon, des crevettes cuites, 2 steaks hachés surgelés, des légumes, de la salade, des fruits frais, des yaourts.

Qu'elle ait, quand même, une plaquette de chocolat pour les moments d'angoisse. Il s'agit de ne pas tout supprimer (elle est déjà privée des yeux bleus de son amoureux !). Si elle en a vraiment envie, qu'elle mange deux carrés de chocolat et si elle finit la tablette, eh bien qu'elle n'en achète pas pendant la semaine. Ce n'est pas un drame de craquer, c'est la vie, surtout dans des moments difficiles comme un grand chagrin d'amour. Nous ne sommes pas des héroïnes tous les jours !

■ *Deuxième consultation*

Un mois après, elle revient, ravissante, pimpante, elle a encore des boules d'angoisse mais cela va mieux, je le vois dans ses yeux. Elle a parfaitement suivi son alimentation, je dirais même presque trop bien, car je crains toujours une rechute.

Elle a perdu 3 kilos en un mois, 3 vrais kilos. Elle me raconte avoir craqué un soir où l'amoureux lui a envoyé un texto sous prétexte de récupérer un pull : la tablette de chocolat y est passée pour se remettre du trouble dans lequel ce signe l'a plongée. Pas grave ! Je préfère le chocolat au somnifère.

■ *Objectif atteint*

Elle revient six semaines après, les 6 kilos et même au delà sont perdus, tous les centimètres envolés ! Elle est à moins 1 kilo par rapport à son poids de forme, ce qui la satisfait, elle rentre de nouveau sans aucun effort dans son 40. Caroline était un cas facile car ses kilos n'étaient pas ancrés : elle s'en est débarrassée facilement, d'autant plus que c'était son premier régime.

■ *L'évolution des mensurations de Caroline*

Taille : 1,65 m	1re consultation	2e consultation	3e consultation
Poids	65 kg	62 kg	58 kg
Poitrine	92 cm	90 cm	89 cm
Taille	75 cm	65 cm	63 cm
Bassin	100 cm	95 cm	92 cm
Cuisses	59 cm	55 cm	54 cm

■ *Le suivi*

Je m'assure auprès d'elle qu'elle conserve les bonnes habitudes alimentaires qu'elle avait envoyé valser au plus fort de son chagrin et nous convenons de nous revoir six mois plus tard. Ce qui me rassure, c'est que ce n'est pas une gourmande : elle est très vite rassasiée. L'alimentation dont nous avons convenu ensemble lui convient très bien. Elle a parfaitement compris, me semble-t-il, qu'il ne fallait pas grignoter n'importe quoi, que c'était là la cause de sa prise de poids. Comme à tous mes patients, je lui dis de m'appeler, de revenir si elle se sent vaciller pour une raison ou une autre.

Six mois plus tard, quand elle revient, tout va bien. Elle n'a pas retrouvé un grand amour mais elle a un amoureux, un nouveau travail, et elle voyage beaucoup. Elle me semble épanouie et n'a pas repris un gramme, au contraire.

L'important à retenir : il faut être prêt(e) à mincir. Certaines situations n'y sont pas favorables : changements de vie, périodes de stress, de chagrin, de chômage, il est inutile dans ces moments-là d'entreprendre un effort supplémentaire. Je ne veux pas dire pour autant qu'on doive se laisser aller car, dans ce cas, on dégrade un peu plus encore son image de soi.

■ *Comment faire son marché*

Pour lutter contre la nourriture consolation, il faut veiller à bien remplir son frigo et ses placards. Et le marché hebdomadaire pour assurer vos dîners, je le conçois comme une véritable ordonnance.

Pour les protéines

    – 6 œufs ;
    – du jambon, de préférence à la coupe, moins salé, sinon sous vide, bien qu'il ne soit pas mon favori ;
    – 1/2 poulet cuit, qui se conserve trois jours ;
    – du thon ou des sardines au naturel (qu'on assaisonnera d'un jus de citron) ;
    – 1 escalope de dinde (viande particulièrement maigre) ;
    – 1 steak haché à 5 % de MG ou du boucher (à consommer très rapidement ou à conserver au congélateur).

Pour les fibres et les vitamines

Des tomates, des carottes, une salade, des haricots verts, des champignons, des brocolis... Selon la saison et vos goûts, une plus ou moins grande proportion peut être achetée surgelée, et d'autres peuvent y figurer : artichauts, courgettes, choux-fleurs, etc.

Des oranges, pêches, pomelos, poires, fraises, framboises, pommes, selon saison...

Pour le calcium et les protéines

Yaourts nature non sucrés, fromage blanc à 20 % de MG, fromage à pâte molle.

À avoir dans vos placards :

– 1 bouteille d'huile d'olive, 1 bouteille d'huile de colza,
1 bouteille de vinaigre de xérès (le vinaigre balsamique est
trop sucré), pour la vinaigrette. Avec des herbes aromatiques, même en surgelé ;
    – des pâtes et du riz complets ;
    – des tisanes et/ou du thé aromatisé, à votre goût.

LES KILOS GROSSESSE

■ *D'où viennent-ils ?*

La grossesse est aujourd'hui une aventure délicieuse et programmée. Mais elle chamboule aussi le corps. Gynécologues et nutritionnistes partagent le même avis : en aucun cas il ne faut manger pour deux comme le disait le vieil adage. Trop de poids, trop de graisse ne sert à rien sauf à enrober les fesses, les hanches et les cuisses. Ce surplus ne partira pas à la naissance du bébé et il risque de s'accrocher très longtemps. L'idéal est de prendre environ 10 kilos. Ces kilos se répartissant ainsi :

– 3 à 3,5 kilos pour le bébé ;
– 700 à 800 grammes de placenta ;
– 800 grammes à 1 kilo de liquide amniotique ;
– 1 à 1,2 kilo pour l'utérus au neuvième mois ;
– 1 kilo, soit 1,5 litre de sang supplémentaire ;
– 2 kilos pour les espaces liquides des cellules maternelles ;
– 500 grammes pour les seins.

Le reste sera constitué par la graisse en trop, stockée sous l'influence des hormones, en particulier des œstrogènes.

Une femme enceinte doit se souvenir qu'il faut une alimentation équilibrée à environ 200 calories supplémentaires. Ce qui équivaut, par jour, à :

– 100 g de protéines supplémentaires ;

ou

– 150 g de légumes ;

ou

– 100 g de fruits.

À condition de ne pas manger déjà trop ! En revanche, elle doit éviter les aliments inutiles : les aliments gras, les bonbons, les gâteaux. Son enfant n'a pas besoin de ces nutriments, il n'en utilisera rien.

Rappelons qu'il lui faut chaque jour :

– des *protéines* : de la viande, des œufs, du poisson, des laitages. Mais aussi des légumes secs et des féculents : ces aliments sont indispensables au développement du fœtus, à l'élaboration d'un volume de sang plus important et à l'entretien des tissus ;

– des *vitamines* et des *sels minéraux.* Ils se trouvent dans les légumes et les fruits. De plus, ces aliments riches en fibres aident à lutter contre la paresse intestinale, fréquente à cette période ;

– du *calcium*, évidemment, pour construire le squelette de l'enfant et se protéger contre les caries dentaires, problème encore trop fréquent : la future maman doit consommer des laitages en abondance ;

– du *fer* pour prévenir l'anémie de la mère et de l'enfant ;

– quant au *sodium*, tout est dans la mesure. Trop de sel peut entraîner de l'œdème, des problèmes de rétention et d'hypertension. C'est au médecin qui suit la grossesse, au vu de l'examen et du bilan sanguin, de juger.

La future maman devra évidemment se passer d'alcool

et de tabac, néfastes pour le fœtus, et freiner sur les excitants, comme le thé et le café.

Ces conseils devraient permettre de ne pas prendre plus de 10/12 kilos mais l'inégalité frappe. Faut-il rendre responsables les hormones, l'hérédité, un dérèglement du pondérostat ? Sans doute. Certaines futures mamans, minces avant leur grossesse et sans changement dans leur alimentation, se retrouvent avec 15 à 17 kilos de plus à 9 mois, rendant la fin de la grossesse plus pénible, l'accouchement plus difficile et elles ont plus de mal à renouer avec leur silhouette.

■ *Cécile et l'aventure de Satine*

Je vais vous raconter l'histoire de Cécile, 35 ans, qui depuis plusieurs années essayait d'avoir un bébé. Après l'arrêt de la pilule, elle attend, attend, rien ne se passe, les examens sont normaux, mais toujours rien. On leur propose, étant donné leur âge, à son mari et à elle-même, une fécondation in vitro. Après deux grosses déceptions, la troisième tentative a réussi. Bien évidemment, comme tout le monde le sait, la FIV s'accompagne d'un traitement hormonal et la jeune femme avait déjà pris au moment de la belle annonce trois bons kilos ; mais peu lui importait, l'important c'était d'avoir un enfant.

La grossesse, très bien suivie, s'est déroulée normalement. Au bout de neuf mois moins quelques jours, Satine, très beau bébé de 3,200 kilos est arrivée. Sa maman ne l'a pas allaitée. Toutes les deux sont rentrées à la maison au bout de quelques jours. Satine pousse bien, sourit, ses

parents sont gâteux... Tout irait pour le mieux dans le
meilleur des mondes familiaux possibles si Cécile ne s'aper-
cevait, au bout de trois mois, qu'elle ne pouvait remettre
aucun de ses vêtements, même ceux qui précédaient sa
grossesse, alors qu'elle avait déjà les 3 ou 4 kilos en trop.
Panique. Elle veut reprendre sa place auprès de son mari,
artisan qui a créé sa petite entreprise, sans rester installée
dans ce surpoids qui lui pèse, au propre comme au figuré.
Elle m'est adressée par son gynécologue. Je vois arriver
une jolie rousse, les traits tirés, fatiguée. Son baby blues
s'éternise, peut-être est-ce le contrecoup de l'attente de ce
bébé, de la difficulté à le concevoir.

■ L'examen médical

Cécile dort bien depuis que Satine fait ses nuits, elle ne
souffre pas de maux de tête, mais a parfois des crampes
dans les jambes et les paupières qui sautent, signe d'un
manque de magnésium. Son bilan sanguin ne révèle rien de
grave, juste un léger déficit en fer, assez classique, que
corrige son gynécologue par un produit spécifique. Je la
sens lasse, elle a du mal à faire face à sa nouvelle vie et
pourtant, me dit-elle : « Je l'ai tellement voulu cet enfant ».
Elle doit retrouver sa ligne, cela sera bon pour son moral.
La légèreté du corps et de l'humeur sont des jumelles qui
souffrent quand on les sépare.

Elle mesure 1,68 m et pèse aujourd'hui 72 kilos. Elle
estime son bon poids autour de 63/64 kilos, ce à quoi
j'acquiesce complètement. Elle veut maigrir vite : « Il faut

m'encourager docteur, sinon je vais craquer!» À cela en revanche, je n'acquiesce pas, ce n'est pas raisonnable : «8000 grammes de graisse perdus en 8 semaines signifieraient une alimentation trop stricte, incompatible à mon avis avec une vie de jeune maman et votre état actuel. Il faut un certain temps pour que votre corps fonctionne comme avant la grossesse. Laissez-le reprendre sa place.»

■ *Le bilan alimentaire*

Cécile ne mange pas beaucoup, peut-être même pas assez, mais très mal. Le matin, un thé avec une vague biscotte beurrée. À midi, elle ne se met pas à table, elle s'occupe de sa fille, avec qui elle est seule pour le moment, (quelqu'un vient l'aider pour le ménage trois heures par semaine). Elle grignote : une tranche de jambon par-ci, une cuisse de poulet par-là, un morceau de fromage avec du pain ; elle termine par un yaourt, sucré ou pas. La venue du bébé a bouleversé ses repères et, de plus, elle n'a jamais été habituée à rester à la maison et à organiser ses marchés. J'ai l'impression qu'elle était encore beaucoup secondée par sa maman.

Avec son mari, elle n'a pas vraiment d'idée pour le dîner : elle cuisine parfois un steak, une côte de porc, une omelette avec de la salade ou des pâtes, et des fruits.

Évidemment, dans l'après-midi, elle grignote : un bonbon, un carré de chocolat, du fromage, en fait tout ce qui lui tombe sous la main... Il n'a pas fallu que j'insiste beaucoup pour le lui faire dire. Elle boit suffisamment d'eau dans la journée mais aussi un coca pour se donner de l'énergie : ça, je vais le lui conserver.

Dans la petite ville de Normandie où elle habite, on peut faire ses courses au supermarché, au marché : on a le choix, la qualité, les prix. À moi, à présent de l'aider à remplir son frigo et à manger correctement.

■ *Objectif*

Nous nous fixons comme objectif raisonnable qu'elle retrouve la silhouette qu'elle avait avant l'aventure de sa petite Satine, pour les fêtes de Noël, avec un poids de 64 kilos.

■ *Mon ordonnance alimentaire*

Petit déjeuner

Son bébé la réveille très tôt pour un premier biberon (vers 5 heures) : qu'elle prenne avant de se recoucher un grand verre d'eau additionnée de jus de citron : cette vieille recette est détoxiquante et drainante.

Ensuite, après le deuxième biberon, qu'elle prenne :

– 1 thé (non sucré ou avec édulcorant) avec 2 tranches de pain légèrement beurré ;

– 1 laitage, pour les protéines (et le calcium) ;

– 1 fruit : une pomme dont les variétés sont délicieuses dans sa région : elle sera mieux calée et moins fatiguée.

Déjeuner

J'insiste pour qu'elle s'asseye après avoir recouché son bébé et qu'elle se prépare une table avec une assiette, un verre, des couverts ! Je lui suggère des menus hebdomadaires, très simples.

Lundi – mercredi – vendredi :
– 1 viande rouge sous forme de rosbif chaud ou froid, de steak grillé ou de bifteck haché (pour les protéines et le fer) ;
– 1 salade verte ou d'endives, assaisonnée de 1 cuil. à café d'huile d'olive et de colza, de vinaigre et d'un peu de sel ;
– 1 yaourt nature, pour les protéines et le calcium, non sucré ou avec édulcorant.

Mardi – jeudi – samedi :
– poisson (ce peut être du thon au naturel arrosé d'un jus de citron, ou tout autre poisson en boîte, sans huile) ;
ou
– 2 tranches de jambon
ou
– 2 œufs ;
– des crudités (tomates, concombres, carottes, etc.) ;
– un petit morceau de camembert, sans pain.
Si elle a faim dans l'après-midi, elle prend son Coca *light*, qui est coupe-faim et éventuellement un fruit accompagné d'un yaourt nature sans sucre.

Dîner

Cécile et son mari dînent assez tôt, vers 19 h 30, mais la soirée se prolonge jusqu'au dernier biberon vers 22 h 30 : qu'elle prenne, en attendant, une tisane au thé vert, à la menthe et à l'hibiscus si cela lui fait envie.

Trois fois par semaine, je voudrais qu'elle prépare du poisson : poché ou au four sur un lit de légumes (tomates et courgettes) ou encore en papillotes (de papier sulfurisé), avec des épinards, du fenouil : c'est délicieux. Elle me dit que sa mère est une excellente cuisinière qui pourra lui passer des recettes ! Elle peut prévoir un peu de riz pour son mari. Ils termineront par un fruit frais de saison.

Trois fois par semaine, elle mettra au four un poulet ou une pintade ou un coquelet ou un lapin, avec des endives braisées ou des haricots verts... Elle terminera par un laitage : yaourt ou barquette de fromage blanc à 20 % de MG ou deux petits-suisses à 20 % de MG.

Le dimanche en famille

Ils déjeunent chez les parents ou les beaux-parents, où ils se font chouchouter et Satine admirer. Pas question de la mettre en retrait de ces agapes. Point positif : Cécile ne boit pas d'alcool. Je lui demande simplement de ne jamais se resservir et de prendre juste une miette de dessert.

Quant au dimanche soir, elle se contentera de 2 yaourts nature et de 1 fruit.

■ *Deuxième consultation*

Je la revois cinq semaines après et l'interroge : même si elle a craqué de temps à autre sur une douceur l'après-midi, elle a parfaitement suivi les menus. Elle n'a pas eu à se poser de questions pour faire son marché, ce qui lui a plu. « J'ai perdu à peine 3 kilos et mon mari presque cinq ! se plaint-elle. Cependant, il en avait besoin, mais c'est injuste ! » Cela arrive souvent en effet : les maris bénéficient de mes programmes alimentaires et les hormones chez les hommes ne s'opposent pas à l'amincissement. C'est plus facile pour eux et, surtout, ils sont souvent vierges de tout régime !

Ma balance confirme : Cécile a perdu 2,9 kilos exactement, elle est à 69,1 kilos. Elle a perdu 3 cm de partout, sauf des cuisses, dont le volume n'a pas bougé.

L'été s'avançant, elle m'annonce qu'ils vont passer quelques jours sur les plages normandes : qu'elle en profite pour bouger, marcher sur la plage, nager, se faire masser par l'eau et se régaler de poisson et de fruits de mer accompagnés de salades : ce sera parfait !

■ *Troisième consultation*

Retour à mon cabinet mi-septembre. Là encore, elle a minci doucement. Elle est à 67 kilos. Elle m'avoue ses quelques dérapages : le poisson certes, mais la crème et le fromage aussi furent au menu des vacances.

Nous maintenons notre objectif d'être en dessous de 65 kilos pour les fêtes de Noël. En attendant, le rythme va changer : Cécile recommence à travailler auprès de son mari et la petite Satine va être gardée par sa grand-mère.

Nous revoyons son alimentation pour les deux mois qui viennent : le petit déjeuner restera le même ; le déjeuner, en revanche, aura lieu le plus souvent dans une brasserie où elle peut retrouver des copines (elle a soif de contacts) ; je lui demande de prendre le plat du jour sans sauce avec des légumes (ou une salade verte) et un café. S'il s'agit de poisson il peut être accompagné d'une pomme de terre vapeur ou de riz. Je lui recommande d'apporter un yaourt nature et un fruit de saison au bureau. Mais je m'apercevrai que le fait de sortir de chez elle lui évite toute fringale dans la journée.

Le soir, bien souvent, elle rapportera chez elle le potage que sa maman lui aura préparé ; s'il y a une pomme de terre dedans, ce n'est pas grave, mais attention pas de tapioca ni de vermicelle ! Elle l'accompagnera d'une omelette ou de volaille ou d'une escalope de veau ou de poisson. Elle terminera par un fruit ou une compote (que Satine commence à goûter).

■ *Quatrième consultation*

Cécile revient à la mi-novembre, heureuse d'être à 64,4 kilos.

Ses mesures : poitrine 95 cm ; taille 75 cm ; hanches 96 cm ; cuisses 56 cm.

Elle peut remettre ses vêtements en taille 42, ceux d'avant Satine. Elle est en forme, joyeuse. Satisfaite d'elle-même, elle ne cherche pas à aller plus loin. Elle m'affirme qu'elle peut garder cette ligne en étant vigilante, tout en s'octroyant de temps à autre un repas de fête.

Je décide justement de laisser passer les fêtes et lui dis que je la reverrai en début d'année : malgré ses bonnes résolutions, je redoute la gastronomie familiale et normande.

■ *Un régime post-fêtes*

Cécile a repris, je n'en suis pas surprise, presque deux kilos en deux semaines d'agapes : foie gras, marrons glacés, bombe glacée, vins fins et autres mets ont abondamment fêté le premier Noël de Satine chez les uns et chez les autres… Nous parlons là d'une alimentation stricte à suivre pendant quinze jours sans dérogation possible, afin de la débarrasser de ces kilos « coup de chien » aussi vite qu'ils sont venus.

Petit déjeuner

Je conserve le même car Cécile a besoin de manger le matin pour ne pas craquer dans la journée.
- 1 thé sans sucre ou avec édulcorant ;
- 2 tranches de pain légèrement beurré ;
- 1 yaourt sans sucre ;
- 1 fruit dans la matinée si elle a faim.

Déjeuners

Pendant ces deux semaines, je lui demande d'éviter la brasserie et d'apporter son déjeuner au bureau : elle ira prendre le café avec ses copines.

Deux déjeuners :
– poulet : 2 beaux blancs, soit environ 150 g ;
– 1 salade verte ou d'endives ou de mâche (et 1 cuil. à soupe de vinaigrette allégée) ;
– 2 clémentines ou 1 orange.

Deux déjeuners :
– thon au naturel (1 boîte de 150 g) ;
– 1 bol de riz complet.

Un déjeuner au bureau et le samedi :
– 2 œufs ou 2 tranches de jambon ou 200 grammes de fromage blanc à 20 % de MG (des protéines pures) ;
– si elle a faim dans l'après-midi, qu'elle boive de l'eau, du thé, de la tisane, ou même un Coca *light*, avec 1 yaourt nature sans sucre (ou avec édulcorant).

Le dimanche en famille :
Qu'elle mange de tout mais sans pain, sans se resservir et en prenant juste une miette du dessert !

Dîners

Le dimanche soir, après les agapes familiaux :
– 1 bol de potage pour caler, sans pomme de terre ;
– 1 fruit.

Trois soirs par semaine :
– poisson poché ou au four ou en papillotes ;
– fenouil ou épinards ou brocolis ou courgettes ou tomates ;
– 1 fruit de saison.

Trois soirs par semaine :
– poulet ou viande blanche ;
– ratatouille (surgelée par exemple) ou des haricots verts ou des endives braisées, etc. ;
– 1 laitage : 2 petits-suisses à 20 % de MG ou 1 barquette de fromage blanc à 20 % de MG ou 1 yaourt nature (sans sucre avec édulcorant).

Cécile me téléphone au bout de ces deux semaines, elle a perdu ses deux kilos et 400 grammes en plus. Elle me dit qu'elle va continuer à se surveiller et qu'elle reviendra au printemps, de sa Normandie… Je n'ai plus eu de nouvelles, j'espère que c'est bon signe, je crois qu'elle avait évoqué l'idée d'une nouvelle FIV : il ne fallait pas trop attendre pour se lancer.

■ *Mon programme jeune maman*

Ce programme durera environ 3 mois. Il apportera du fer, des vitamines, surtout celles du groupe B dont une jeune maman a besoin, ainsi que du magnésium et du calcium. Il permet de perdre, en douceur, les 4 ou 5 kilos qui s'accrochent souvent après la naissance.

Je prescris des compléments alimentaires comprenant des vitamines C, E, du sélénium et du magnésium : cela aide à récupérer plus vite forme et beauté.

Il faut attendre le retour de couches pour qu'il y ait une stabilisation hormonale : ce programme alimentaire sera alors beaucoup plus efficace.

Faire 3, voire 4, repas par jour. Les horaires ont relativement peu d'importance mais la digestion fait brûler les calories.

Petit déjeuner

Léger mais copieux.
– 1 fruit frais : 1 pamplemousse, 2 kiwis, 2 clémentines, 1 orange, 1 petit bol de fraises ou de framboises… ;
– 1 thé ou café sans sucre ;
– 1 laitage : 1 yaourt nature ou 1 verre de lait demi-écrémé ou 1 portion de fromage blanc à 20 % de MG avec 2 cuil. à soupe de son d'avoine ou de All-Bran. À la rigueur, pour changer, 30 g de muesli sans sucre ajouté.

Si vous n'aimez pas les laitages sous cette forme : 30 g de fromage allégé (ou encore 1 œuf à la coque ou 1 tranche de jambon) avec 40 g de pain.

Ce petit déjeuner est complet : il comprend des sucres lents, des protéines, des vitamines, des fibres et du calcium.

Déjeuners

Déjeuner « viande rouge » :
– crudités peu assaisonnées (tomates, concombres, carottes râpées, avec 1 cuil. à soupe d'huile d'olive, vinaigre, sel, poivre) ;
– 150 g de viande rouge ou de foie si vous l'aimez, pour le fer ;
– 200 g de légumes verts.

Déjeuner « viande blanche » :
– 150 g de veau ou de poule ou dinde ;
– riz ou pâtes complets ;
– 1 yaourt.

De temps à autre, une salade composée avec des crudités variées, du thon ou du jambon et un morceau de fromage de chèvre frais.

Dîners

Dîner « poisson » :
– le plus souvent possible, sans oublier le poisson gras pour les oméga 3 : plein de protéines et peu de graisses, à condition de le cuisiner poché, au four sur un lit de légumes, ou en papillotes avec des herbes et des aromates ;
– ratatouille ;
– 100 g de fromage blanc à 20 % de MG.

Dîner « œufs » :
– 2 œufs coque ;

– épinards ;
– 1 compote ou 1 fruit cuit sans sucre.

Dîner « jambon » :
– 1 potage de légumes ou 1 salade verte ;
– 2 tranches de jambon ;
– 1 salade de fruits frais (kiwis et oranges ou ananas frais ou 1/2 mangue).

Dans ces menus on trouve tout ce qui convient à l'organisme : des protéines, des glucides lents, du calcium, des vitamines et des fibres.

Pour le moral, j'autorise un repas libre de temps en temps où la gourmandise reprend ses droits, mais il faut retrouver la bonne discipline dès le lendemain sinon les kilos s'acccrochent.

Pour la fermeté, une heure par semaine d'abdo-fessiers ou 3/4 d'heure de natation ou d'aquagym. Et, dès que possible, marchez, faites de la bicyclette. Vous respirerez et brûlerez des calories.

LES KILOS MÉNOPAUSE

■ *D'où viennent-ils ?*

Chaque femme, vers la cinquantaine, connaîtra ce passage inévitable qu'est la ménopause. Celle-ci se caractérise par une modification importante des équilibres hormonaux. Petit à petit, à partir de 45 ans, les sécrétions d'œstrogènes et de progestérone diminuent puis cessent. Avec la fin des règles, la ménopause est installée avec son cortège inconfortable, et ressenti plus ou moins vivement par chacune, de bouffées de chaleur, sueurs nocturnes, fatigue, insomnie, réaction dépressive, sécheresse vaginale, agressivité, perte de tonicité musculaire, perte osseuse, amincissement de la peau… et de (quelques) kilos supplémentaires.

Un traitement substitutif bien dosé et bien conduit peut pallier beaucoup de ces effets mais rappelons qu'il est transitoire (il faut être prudente) et que, d'après mes observations, il ne met pas à l'abri de ces trois ou quatre kilos supplémentaires (pas plus qu'il n'en est responsable s'il est bien dosé).

La sécrétion des hormones sexuelles aidait à stabiliser le métabolisme. Leur diminution et leur disparition entraîne un bouleversement de celui-ci : on brûle moins. L'eau et la

167

graisse vont infiltrer plus facilement les tissus, notamment au niveau abdominal. De plus, la déficience hormonale retentit sur le foie, fabricant et réservoir du cholestérol. Résultat : le mauvais cholestérol et d'autres graisses sanguines, comme les triglycérides, vont avoir tendance à augmenter...

Sur le plan psychologique, on doit faire face à un sentiment de dévalorisation. On passe, malgré tout, à une autre phase de sa vie...

Chacune d'entre nous est affectée différemment par ces troubles, mais très rares sont les femmes qui n'en ressentent aucun. En matière alimentaire, beaucoup ont des goûts qui changent, avec notamment une appétence accrue pour le sucré ! Surtout si le vague à l'âme les attire irrésistiblement vers le chocolat ou les pâtisseries... Bref, la machine se dérègle, et nous l'aidons.

Ces 3 000 à 4 000 grammes de graisse vont avoir tendance à se loger sur la moitié supérieure du corps, selon une répartition dite androïde : le ventre, l'estomac, les seins, les bras et modifier la silhouette. « Docteur, j'ai pris deux tailles de soutien-gorge ! » ; « Je ne ferme plus ma jupe, je suis toute boudinée ! » ; « Je ne reconnais plus mon corps ! » ; « 4 kilos en trois mois, je ne sais pas pourquoi, je n'ai pas l'impression de manger plus. » Voilà la litanie des plaintes de mes patientes autour de la cinquantaine, par ailleurs pleines de séduction et de vitalité.

Ces femmes savent qu'elles ne retrouveront pas un corps de jeune fille. S'il est presque inévitable de prendre trois kilos, pas question – nous en tombons d'accord, elles et moi – d'en accepter davantage, et de laisser la balance grimper encore plus.

S'alourdir vieillit et mes patientes ne veulent pas devenir des femmes âgées : elles ont encore beaucoup à vivre et à découvrir ; je suis là pour les aider à trouver un nouvel équilibre, en adoptant de bonnes règles alimentaires, à se construire une nouvelle hygiène de vie, à se réconcilier avec leur corps, à en faire leur allié, pour qu'il les accompagne longtemps.

■ *Brigitte, gourmande mais très motivée*

Cadre administrative, chargée de responsabilités, mais équilibrée dans sa vie personnelle et familiale, Brigitte, 52 ans, femme très coquette, alerte, arrive en consultation parce qu'elle a pris 6 kilos depuis l'arrêt de ses règles... Elle est catastrophée, elle a gagné presque trois tailles de soutien-gorge, passant d'un petit 90B au 100B. Sa taille s'est effacée, elle ne ferme plus ni jupe ni pantalon, et son ventre rebondit « terriblement ». Même ses bras se sont épaissis, et elle les cache à partir du coude... : « J'ai l'impression de voir ma mère. »

Elle pense que son traitement substitutif en est responsable, mais je lui explique que ce n'est pas le cas, s'il est bien dosé.

Il y a une hérédité de surcharge pondérale dans sa famille, et elle-même a déjà essayé de mincir plusieurs fois ; sa dernière tentative a été celle de la soupe au chou qui a bien vite capoté car elle avait de violentes douleurs abdominales à cause des gaz !

■ *L'examen médical*

Brigitte dort correctement, avec quelques réveils qu'elle attribue à ses responsabilités professionnelles. Au point de vue digestif, rien ne la gêne : jamais de troubles ni nausées ni maux de tête. Quelques épisodes de constipation. Elle a subi une césarienne et une appendicectomie.

Elle a une bonne circulation mais en fin de journée, ses pieds, ses doigts, son ventre enflent… elle a l'impression de doubler de volume.

Pas de bouffées de chaleur grâce au traitement hormonal substitutif, qu'elle supporte bien.

Sa tension, 13/7, est parfaite.

Son bilan sanguin montrera une légère augmentation du sucre et du cholestérol qui reviendront dans les limites de la normale quand elle aura perdu ses kilos en trop et, surtout, qu'elle aura équilibré son alimentation. Pas question de médicaments !

Son problème majeur est lombo-sciatique, aggravé par sa surcharge pondérale, d'après son rhumatologue. « Il m'a affirmé qu'il suffisait que je perde mes 6 kilos pour que mes douleurs se calment. » Elle cherche une confirmation. Je la lui donne : j'ai appris d'éminents orthopédistes que 5 kilos perdus soulageaient le dos de 15 kilos. Un simple problème de pression.

Et une motivation supplémentaire pour Brigitte de vouloir parvenir à ses fins.

■ *Le bilan alimentaire*

Au petit déjeuner, elle se contente d'un café, sans rien ; du thé dans la matinée. Au déjeuner, elle prend un plat à son restaurant d'entreprise : 1 entrecôte grillée, avec des haricots verts et des pommes de terre sautées, ou du poisson avec des petits légumes et du riz. Parfois, rien, si elle n'a pas le temps. Dans ce cas, elle mange dans l'après-midi des biscuits minceur ou une pomme. Mais elle n'oublie jamais ses 2 cafés sans sucre.

Quand elle rentre chez elle, tout dérape : elle se jette sur du pain, du beurre, avec du saucisson ou du fromage, parfois juste de l'huile d'olive sur du pain (le régime crétois sans doute !), plus un petit verre de vin pour le moral. Elle fait un dîner complet, en famille ; tout le monde a faim, les deux grands enfants ont déjeuné au restaurant universitaire, son mari à la cantine de la société dont il est directeur du marketing. Le dîner est riche ; la veille par exemple, une salade de tomates, des chipolatas avec une purée de pommes de terre, du fromage avec un peu de pain, et des crèmes dessert allégées. Elle a bu deux verres de vin.

Brigitte ne fait aucun sport : elle va du parking de son immeuble au parking de sa société. Entre les deux, elle est scotchée à son bureau, derrière son ordinateur !

Elle est prête à tout pour mincir : ne plus rien manger, faire des piqûres, se faire pratiquer une lipo-aspiration du ventre, une réduction mammaire... Doucement ! Pour 6 kilos pas de bousculade inutile : elle va commencer par mieux manger. En choisissant les bons aliments (ceux qui ont un index glycémique bas, ou une valeur calorique plus faible), rééquilibrer ses apports alimentaires dans la journée et bou-

171

ger un peu. Ce sont les ingrédients de notre plan d'attaque, et de la correction alimentaire à laquelle elle doit se livrer.

■ *Objectif*

Nous décidons que l'idéal, pour Brigitte, est de perdre 6 kilos.

■ *Mon ordonnance alimentaire*

Petit déjeuner

– 1 ou 2 cafés sans sucre ou avec édulcorant ;
– 1 laitage : 1 yaourt nature ou du fromage blanc à 20 % de MG ou 2 petits-suisses à 20 % de MG ;
– 1 fruit : si elle ne peut l'avaler, ce qu'elle doit parvenir à faire, qu'elle commence par le prendre en jus pressé frais : orange ou pamplemousse, elle aime cela.

Il s'agit qu'elle réapprenne à manger le matin, en douceur, avec des aliments qui « passent » facilement.

D'accord pour son thé dans la matinée, avec 1 fruit si elle ne l'a pas consommé au petit déjeuner : cela lui fera une pause.

Déjeuner

Au restaurant d'entreprise :
Le sien présente beaucoup de choix et de bonne qualité.

Trois fois par semaine :
– 1 salade de tomates, de concombres ou 1 salade verte avec une 1 cuil. à soupe de vinaigrette ;
– 1 steak (haché ou non) ou 1 escalope de volaille sans sauce avec des haricots verts, des brocolis ou autres légumes verts ;
– 1 fruit frais de saison : kiwi ou clémentines en hiver, fruits rouges au printemps, pêche, nectarine, abricot, ensuite, poire, prune, pomme en automne..., qu'elle peut consommer dans l'après-midi, avec une boisson chaude, thé léger ou tisane.

Deux fois par semaine :
– carottes râpées ou salade d'endives ou 1/2 pample-mousse ;
– poisson ou veau ou lapin, en évitant bien sûr au maximum la sauce ;
– courgettes vapeur ou épinards avec un filet d'huile ;
– 1 laitage nature et non sucré ou avec édulcorant ;
– et son ou ses cafés, non sucrés ou avec édulcorant.

Le samedi midi :
Elle me dit manger peu et rapidement, sa journée est occupée par les courses, le coiffeur, le toilettage du chien... En général, elle prend un peu de viande froide de la veille ou du jambon, ou 2 œufs durs avec une salade ou des crudités et 1 fruit. Je conserve, mais attention, sans mayonnaise, comme jusque-là.

Le déjeuner du dimanche :

Je le lui laisse en liberté… surveillée. Ils aiment se retrouver en famille, avec parfois un oncle ou une grand-mère en plus, autour d'une table sympathique, heureuse. Pas question d'exclure Brigitte de la convivialité, des éclats de rire, de ce bonheur familial. À moi de composer et de proposer un menu compatible avec tous. D'accord pour un apéritif (un verre de vin) accompagné de tomates-cerises, de bâtonnets de carottes, de radis roses ou noirs. Tous adorent les fruits de mer, j'en profite. Un écailler vient chaque semaine, au marché, avec ses produits de l'île d'Oléron, me dit-elle. Profitons-en !

Pour la saison froide :
– en entrée : 6 huîtres, 6 praires, des crevettes, avec citron ou sauce à l'échalote, bien évidemment sans beurre ;
– 1 tranche de rôti de bœuf accompagné d'épinards ou de choux-fleurs persillés ;
– 1 morceau de fromage de chèvre pour terminer.

Pour les dimanches plus ensoleillés :
– asperges ou salade de champignons ;
– poulet ou pintade ou des brochettes de viande maigre ;
– ratatouille ou tomates à la provençale.
– ananas frais ou fraises ou framboises nature, pêche, etc.

Avant de quitter le bureau :

Pour éviter la fringale d'avant dîner (et la ruée sur le saucisson), un sachet de protéines à l'arôme qui lui plait. Les protéines pures sont les meilleurs coupe-faim.

Dîner

Il va falloir les limiter : chez elle, ils sont trop lourds et trop copieux. Je lui propose :

Dîner n° 1 :
Deux fois par semaine :
– 1 omelette aux champignons ou aux fines herbes ou 2 œufs coque ou 150 grammes de viande blanche ;
– 1 salade de mâche ou de cresson ou de laitue ou de romaine avec 1 vinaigrette allégée, à préparer d'avance, comme suit : 1 cuil. à soupe d'huile de colza, 1 cuil. à soupe d'huile d'olive, 2 cuil. à soupe d'eau, 1 cuil. à soupe de vinaigre de vin, un peu de sel, du poivre, de la moutarde et des herbes aromatiques ;
– 1 compote de fruits sans sucre.

Dîner n° 2 :
Deux fois par semaine :
– un pavé de saumon (200 g) : le surgelé fera très bien l'affaire, cuit en papillotes dans du papier sulfurisé, avec herbes et citron ;
– fenouil ou un autre légume vert ;
– 1 laitage nature, sans sucre (éviter absolument le fromage, le soir car trop gras, je le répète sans arrêt).

Dîner n° 3 :
Deux fois par semaine :
– artichauts crus ou cuits ou poireaux vinaigrette ;
– 2 tranches de jambon, de dinde ou de poulet (sous vide, si cela l'arrange) ;
– 1 fruit frais selon la saison (en évitant les bananes).

Je lui autorise 1 verre de vin par jour, et 1 supplémentaire le samedi et le dimanche midi. Pas une goutte de plus.

J'insiste sur les laitages, qu'elle aime et qui luttent contre l'ostéoporose. Dans cette phase, j'ai supprimé les féculents.

Je lui demande de bouger : un corps qui remue stocke moins. Avec des collègues elle va aller à un cours de gym douce, une fois par semaine, me promet-elle. Pendant le week-end, je lui demande de marcher ou de faire de la bicyclette, une heure et demie, avec mari et/ou ses enfants : il y a une forêt près de chez elle. Rien d'intensif ni d'athlétique, mais une remise en forme du corps, qui, au fil des mois, permettra une activité plus intense.

■ *Deuxième et troisième consultations*

Six semaines plus tard, elle a perdu 3,8 kg. On ne change rien au régime qu'elle accepte très bien.

Trois mois plus tard, victoire : elle a éliminé ses 6 kilos.

Elle a été une très bonne élève. Comme je la félicite, elle m'avoue qu'elle avait la perspective du mariage de sa fille : elle ne voulait pas faire mémère dans sa jolie robe. Avoir un objectif, cela aide ! D'ailleurs, mes patientes ont tous un objectif en venant me voir. Elles doivent pouvoir répondre – au moins pour elles-mêmes – à cette question : pourquoi je viens consulter ? Comment vais-je m'y prendre ? À quoi vais-je arriver ? Brigitte, elle, est passée du 46 au 42 et demi. Nous convenons de nous revoir après le mariage pour entamer le processus de stabilisation.

■ *Les mensurations de Brigitte*

Taille : 1,65 m	1re consultation	2e consultation	3e consultation
Poids	70 kg	66,2 kg	63,8 kg
Poitrine	100 cm	96 cm	93 cm
Taille	87 cm	83 cm	81 cm
Hanches	95 cm	94 cm	93 cm
Cuisses	55 cm	54 cm	54 cm
Bras	28 cm	27 cm	26 cm

■ *La stabilisation*

Maigrir est une chose, ne pas regrossir une tout autre. Nous avons gagné une bataille, pas la guerre, c'est ce que j'annonce à Brigitte.

Le principe de la stabilisation est le suivant : deux jours dans la semaine – pas forcément consécutifs – seront très surveillés pour qu'elle ne reprenne pas ses centimètres. Je lui propose le lundi et le vendredi, jours post et préweek-end que je sais à haut risque.

Deux journées surveillées par semaine :
Déjeuner :
– 1 poisson ;
– légume vert ;
– 1 fruit.

Dîner :
- 1 soupe ou 1 salade ;
- jambon blanc ;
- 1 yaourt.

Mes principes généraux pour les autres jours :
- 1 seul féculent par jour, soit le midi soit le soir.
- ajouter, par jour, 60 g de pain à répartir dans la journée ;
- 2 verres de vin maximum par jour (et 1 coupe de champagne de temps à autre).

■ *Quelques idées de menus*

Pour le déjeuner du dimanche

- crudités ou asperges ;
- gigot ou canard rôti ;
- haricots blancs ou flageolets ;
- plus haricots verts ;
- fromage blanc ou yaourt (ce dernier, aromatisé, peut être glacé).

Pour le dîner du dimanche

- œufs brouillés (ou coque) ;
- aubergines ou poivrons cuits ;
- salade de fruits frais à la menthe.

Au restaurant d'entreprise

- crudités (carottes râpés ou salade de tomates) ;
- 1 steak haché ;
- brocolis ;
- 1 ananas frais.

ou

- 1 escalope de veau ;
- salade verte ;
- 2 clémentines.

ou

- volaille ;
- graine de couscous ;
- 1 yaourt ;

Au restaurant

- coquilles Saint-Jacques ou 1 sole à la plancha ;
- riz (sauvage ou brun) ;
- 1 salade d'orange à la cannelle ou un sorbet.

Je préviens Brigitte : toute sa vie elle devra se surveiller, adopter une alimentation plus équilibrée. Dès qu'un deuxième kilo est installé, il faut qu'elle ait le réflexe de reprendre son régime de départ...

Je lui conseille de revenir dans six mois et de ne pas

hésiter à me téléphoner si elle a un problème, notamment si elle craque.

■ *Des règles valables pour toutes les femmes à la ménopause*

• Il faut faire 3 repas, j'y tiens, et éviter d'en sauter un : parce que la digestion fait brûler des calories. En fait, l'idéal serait de mettre la machine digestive en route quatre fois par jour à condition de ne pas manger plus.

• Boire de l'eau, des tisanes, du thé léger, mais pas trop : entre un litre et un litre et demi, pas plus, car cette période hormonale favorise la rétention d'eau. Je prescris des plantes désinfiltrantes pour aider à éliminer : reine-des-prés, artichaut, fucus, *Centella asiatica*, orthosiphon...

• Privilégier les protéines (viandes blanches, poissons, fruits de mer), éléments constructeurs de l'organisme, à force de stockage faible et qu'on peut consommer largement.

• Supprimer le plus possible les sucres rapides : confiseries, pâtisseries, vins, alcools.

• Garder, avec modération les sucres lents (70 g de poids sec) : lentilles, riz complet, pâtes complètes, pommes vapeur, et 100 g de pain en évitant de les associer trop souvent avec les protéines animales. 5 fois par semaine sur 14 repas.

• Surtout, ne pas négliger les fibres (fruits et légumes verts) qui protégent contre les cancers digestifs, donnent une impression de satiété, diminuent la sécrétion d'insuline et sont beaucoup moins caloriques que les autres nutriments. En consommer 3 fois par jour.

• Garder un minimum de graisses, huiles végétales et poissons gras qui protègent nos artères ; ces graisses font partie intégrante des membranes cellulaires, elles sont indispensables à la formation et au bon fonctionnement de nos cellules, tout particulièrement de notre mémoire. 2 cuil. à soupe par jour y compris celles dans la cuisson.

• Privilégier les laitages pour les protéines et surtout le calcium afin de préserver son capital osseux (gare à l'ostéoporose !) : pour celles qui n'aiment pas les laitages (lait demi-écrémé, fromage blanc, yaourt, fromage de préférence allégé), les eaux minérales Hépar, Courmayeur, Contrex, Talians sont les plus riches en calcium. Ne pas négliger les œufs.

• Ne pas raisonner en termes de calories mais d'équilibre et d'associations. Éviter de mélanger au même repas pommes de terre et tarte aux pommes : trop de glucides ; fromage et viande : trop de gras.

• Bouger : si vous avez abandonné le sport, réapprenez à bouger très progressivement ; simplement à marcher très régulièrement, c'est-à-dire tous les jours, à faire des balades à vélo le week-end, à monter les escaliers ; puis à aller à la piscine, à la gym ou à la danse entre collègues... L'important est la progressivité et la régularité, sans forcer. Cela renforce les muscles, les os, le cœur, accompagne la perte de poids, redessine la silhouette.

■ Des menus pour mincir et rester mince

Petit déjeuner

– 1 thé ou 1 café sans sucre ou sucré à l'aspartam ;

– 1 yaourt nature ou 2 petits-suisses à 20 % de MG ou 100 g de fromage blanc à 20 % de MG (avec 2 cuil. à soupe de son d'avoine ou de All-Bran) ;

ou

– 30 à 40 g de fromage allégé ou 1 œuf coque ou 1 tranche de jambon, avec 40 g de pain (pour les protéines, le calcium et les sucres lents) ;

– 1 fruit pour les vitamines, les fibres et particulièrement la vitamine C.

Déjeuners

Déjeuner n° 1 :

– 2 côtes d'agneau ou 2 tranches de gigot cuites sans graisse (150 g) ;

– mélange de haricots verts et de flageolets (3 cuil. à soupe de ces derniers) ;

– 1 laitage sans sucre ajouté ou 1 fruit de saison (sauf raisin et banane).

Déjeuner n° 2 :

– pintade ou lapin au four (180 à 200 g) ;

– endives ou fenouil braisés ;

– 40 g de fromage à pâte molle et 30 g de pain.

182

Déjeuner « poisson » :
– colin ou cabillaud poché avec des herbes, un jus de citron, un filet d'huile d'olive ;
– riz brun ;
– 2 clémentines ou 2 kiwis.

Dîners

Dîner n° 1 :
– moules marinières et salade verte ;
– 1 barquette de fromage blanc à 20 % de MG.

Dîner n° 2 :
– crudités ou poireaux ou artichauts vinaigrette ;
– 2 tranches de jambon ou de poulet ou de dinde ;
– 1 compote de fruits sans sucre ajouté.

Dîner n° 3 :
– omelette aux fines herbes ;
– courgettes vapeur ;
– salade de fruits frais (kiwis, clémentines, poires, fruits rouges…).

Au moins une fois par semaine : la journée blanche

Le déjeuner :
– 200 g de volaille ou de poisson blanc ;
– choux-fleur ou céleri ;
– 1 poire ou 1 pêche blanche ou 1 pomme.

Le dîner :
– 200 g de fromage blanc à 20 % de MG ;
– 2 yaourts nature avec 1 cuil. à soupe rase de miel.

Ce menu, très riche en protéines, est équilibré avec les fibres.

LES KILOS CELLULITE

■ D'où viennent-ils ?

Cette fameuse graisse qui touche spécifiquement les femmes, cette cellulite qui nous empoisonne la vie mérite bien un chapitre. Même si un médecin nutritionniste n'accomplit pas de miracle en la matière, je tiens à le préciser d'emblée, d'autant moins que la cellulite n'a pas toujours de rapport avec la prise de poids : on peut n'avoir que trois kilos de trop et en être atteinte. Cependant, un certain type d'alimentation semble la favoriser et, à l'inverse, une bonne hygiène alimentaire peut, sinon en venir à bout, du moins la faire diminuer. Mais, en matière de cellulite, c'est le règne de l'inégalité, je l'ai observé : Laure va se nourrir de la même façon que Sophie et n'aura pas de cellulite. En ce domaine, le nutritionniste tâtonne, essaie, s'adapte.

Sans faire un cours sur la cellulite – ce n'est pas mon propos ici – il faut que j'explique deux ou trois notions, pour vous faire comprendre ma démarche.

« Cellul-ite » cela signifie inflammation des cellules qui stockent les graisses : les adipocytes. Ces cellules, situées sous la peau, sont maintenues entre elles par des fibres de nature conjonctive, qui forment une sorte de filet. La cellulite survient en cas de perturbation – une augmentation notamment – de ces amas graisseux, perturbation qui peut être due à des causes diverses. Elle peut être :

– héréditaire : dans ce cas, on met en évidence le rôle d'une enzyme, la lipoprotéine lipase. Par exemple, la cellulite touche plus souvent les femmes du Bassin méditerranéen que les Nordiques ;

– hormonale, surgissant à la puberté, lors de la prise de la pilule contraceptive ou à l'occasion d'une grossesse ;

– le résultat d'une mauvaise circulation veineuse (sensation de jambes lourdes, gonflées) souvent combinée avec des troubles lymphatiques (à l'examen, présence du signe de Godet : quand on appuie le pouce sur la peau, son empreinte reste quelques secondes).

S'ajoute parfois une mauvaise circulation capillaire, signalée par une peau marbrée, des pieds et des jambes froides et des vaisseaux superficiels éclatés.

La rétention d'eau joue un rôle capital. Pour faire simple, disons qu'il se produit, par un mécanisme physique complexe, une perturbation des échanges entre les artères, les veines et les vaisseaux lymphatiques.

Tous ces dysfonctionnements peuvent se cumuler. On distingue trois types de cellulite :

– l'adipeuse ou lipodystrophie ;
– l'infiltrée d'eau ou hydrolipodystrophie ;
– la fibreuse ou fibrolipodystrophie.

On peut souffrir de plusieurs formes de cellulite.

La cellulite est douloureuse au toucher, infiltrée, capitonnée (parce que les fibres de tissu conjonctif, elles, ne sont pas extensibles) comme une peau d'orange.

Elle atteint surtout la face extérieure des cuisses, l'intérieur des genoux, mais aussi les fesses, les hanches, parfois les bras.

■ *Le rôle de l'alimentation dans la rétention d'eau*

On a pu mettre en évidence la responsabilité, dans la rétention d'eau, de molécules « éponges » nocives, de sel et de sucre. Mais celles-ci peuvent aussi être issues de protéines mal digérées.

Pour les premières, on le sait, il faut éviter de resaler nos aliments, se méfier des plats tout prêts souvent trop salés, pour les seconds, éviter le sucre des gâteaux, sucreries, sodas, confiture, chocolat, etc.

Pour les protéines, c'est, à première vue, plus étonnant : elles sont en effet indispensables à la construction de notre squelette, de nos muscles, de nos tissus. Les protéines sont de grosses molécules d'acides aminés. Au cours de la digestion, ces protéines se dégradent puis sont assimilées pour remplir leur rôle : construction des muscles, de la peau, des os, des cheveux. Mais parfois il y a des ratés.

Pourquoi ? L'industrie agroalimentaire a fait des avancées énormes en matière de goût, de conservation, d'élimination des bactéries. Mais comme chaque médaille a son revers, le sorbitol, le saccharose, certains sels et autres substances sont parfois non digérés et mal tolérés, sans que le consommateur ou la consommatrice s'en rende compte. Il y a une mauvaise assimilation de ces nutriments au niveau du système digestif. Ces produits peuvent être responsables d'une rétention d'eau. Eau et graisse vont se combiner pour faire prendre des kilos, qui résisteront à un régime hypocalorique classique.

Cela peut être vrai également de certains additifs contenus dans les moutardes, les olives en conserve, les purées en flocons et également des benzoates présents dans la plupart des sodas, y compris *light*. Bien des femmes n'auront aucun problème, mais d'autres souffriront de rétention en ingérant de tels aliments.

La rétention d'eau peut donc être due aussi aux aliments éponges, pas seulement au sel et aux sucres. On va le voir avec Jessica.

■ *Jessica, taille 38 du haut et 42 du bas*

Jessica, 27 ans, vient me voir, non pas tellement pour une surcharge pondérale puisqu'elle maintient bien son poids à 2 ou 3 kilos près depuis la fin de son adolescence, mais, m'explique-t-elle, parce qu'elle a un «problème de grosses fesses et de grosses cuisses». Extérieurement, son bassin est large, mais elle sait camoufler ses rondeurs sous des tuniques à la mode, qui descendent au-dessus des genoux. C'est une de ses amies qui lui a donné mon adresse, en lui disant que je l'avais fait maigrir du bas, à mon avis chose la plus difficile pour un nutritionniste. À moins que les patients aient au moins 8 kilos à perdre, et encore, et ce n'est pas le cas de Jessica.

Elle me raconte son histoire : «Maman a toujours surveillé mon poids car dans ma famille, du côté féminin, nos hanches, nos fesses et nos cuisses sont assez rondes. Des régimes, j'en fais, de temps en temps, pour me maintenir, en regardant dans les magazines. Le dernier, par exemple, avec des sachets protéinés : résultat, je me suis desséchée du haut et j'ai très peu minci du bas. Et j'étais épuisée. »

Elle ne fait pas de sport régulièrement, sauf en vacances, en club, où elle nage, danse, skie, joue au tennis... Mais ses velléités de continuer à bouger retombent dès qu'elle rentre, trop prise par sa vie professionnelle (elle travaille dans l'informatique) et personnelle.

Je sens une jeune femme bien dans sa peau, entourée de tendresse, amicale et familiale, épanouie.

■ *L'examen médical*

Jessica dort bien, présente des épisodes de constipation. Elle prend une mini-pilule et ses règles sont normales. Par contre, ses jambes sont lourdes avec des crampes et souvent des « impatiences ». Avant ses règles, elle prend 1 à 2 kilos, elle gonfle au point de ne plus pouvoir enfiler ses bagues et même ses chaussures la serrent. Très souvent ses pieds sont glacés ou alors trop chauds. À l'examen, je m'aperçois qu'elle souffre d'une hyperlordose.

Ses mensurations : 1,60 m, 55 kilos. Du haut, elle rentre dans une taille 38 et du bas dans une taille 42, précise-t-elle.

À la palpation, pas de doute, ses bras sont capitonnés. Les cuisses aussi, de même, l'intérieur des genoux. Pour une si jeune femme, elle présente déjà des varicosités.

Premier bilan : elle me semble souffrir des trois types de cellulite ; chez elle, le problème ne sera pas simple à tenter de résoudre : il faudra utiliser plusieurs armes.

■ *Le bilan alimentaire*

Au petit déjeuner, Jessica prend 2 ou 3 cafés, du lait écrémé et des céréales Spécial K aux fruits rouges et un jus de fruit. Déjeuner au restaurant d'entreprise : parfois des crudités en entrée, puis du poulet ou du poisson avec, selon les jours, du riz ou des pâtes, ou des légumes verts. Elle termine par un yaourt aux fruits, ou une crème caramel, ou parfois une mousse au chocolat.

Elle boit beaucoup d'eau dans la journée, pétillante de préférence, et me signale qu'elle ne va pas souvent uriner, par manque de temps et par manque d'envie aussi. Une fois le matin et une fois l'après-midi. Il lui arrive de se réveiller avec les yeux gonflés. Ce qui signe, pour moi, la rétention d'eau. Elle ne grignote absolument pas dans la journée, elle n'en a ni le temps ni l'envie.

Dîner. Elle vit à mi-temps avec un copain, et elle est très prise professionnellement, insiste-t-elle pour justifier ses menus. Quand elle est seule, elle ne mange que des plats qu'elle achète chez le traiteur ou des surgelés minceur. Quand son ami est là, ils prennent une pizza, une quiche lorraine surgelée ou ils descendent à la brasserie du coin quand il y a des copains. Là, elle se contente le plus souvent d'un plat (hachis parmentier et salade, la veille, par exemple, ou encore un couscous). Elle ne boit que de l'eau minérale gazeuse, trop salée.

■ *Objectif*

Jessica devrait perdre 2 kilos, et surtout des centimètres du bas.

■ *Mon ordonnance alimentaire*

Je lui prescris :

– un cocktail de vitamines et d'oligoéléments, vitamines A, C, du zinc, du sélénium, de la vitamine B6 pour la forme, de la vitamine PP et de la vitamine E pour renforcer ses parois sanguines ;

– en infusions, de la *Centella asiatica*, du bouleau, de l'olivier et de la prêle aux vertus drainantes ;

– pour ses jambes, très infiltrées : 10 séances de drainage lymphatique ;

– contre sa constipation : 2 cuil. à soupe de son d'avoine, à prendre dans son yaourt le matin, un vieux remède à moyen et long terme.

Je lui demande de marcher, environ une heure et demie par semaine, en trois fois si elle veut, au grand air. Je lui recommande la Fast Gym mise au point par le docteur Philippe Blanchemaison[1].

Je formule l'hypothèse, et lui explique, qu'elle peut être de ces « femmes éponges » qui ne digèrent pas certaines protéines chimiques et retiennent l'eau. Elle doit :

---

1. Voir *8 minutes par jour pour maigrir du bas*, Albin Michel, 2004.

– éviter tous les plats préparés, plein d'additifs, les aliments fumés, trop salés comme le saumon ou la truite fumés ;

– acheter des fruits et légumes frais, des aliments simples : viande, poisson, œufs, jambon à la coupe ;

– conserver des féculents deux ou trois fois par semaine, riz et pâtes, complets de préférence ;

– boire de l'eau plate ou, si elle tient à l'eau gazeuse, de la San Pellegrino, ou du Perrier, les moins salées.

Je lui demande de ne jamais resaler ses aliments et d'éviter la moutarde, trop salée.

Petit déjeuner

Il faut qu'elle abandonne ses céréales trop sucrées au profit de pain complet ou de seigle légèrement beurré, avec 1 bol de lait demi-écrémé (rien ne justifie le lait écrémé qu'elle prenait jusque-là), si elle aime, ou 1 yaourt. Et son café. Dans la matinée, elle prendra 1 fruit, avec de l'eau.

Déjeuner

Au restaurant d'entreprise :
– crudités ;
– poisson avec pommes vapeur ou du riz ;
ou
– viande grillée et des légumes verts.

Et surtout, pendant 3 semaines, pas de desserts autres que des fruits, spécialement des fruits rouges (ils contiennent des flavonoïdes, bons pour la circulation).

Dîner

Quand elle est seule :
- 1 tranche de jambon à la coupe (pas de jambon industriel sous vide, trop riche en eau et en sel) ;
- 1 salade verte ;
- 1 yaourt nature sans sucre ou avec édulcorant.

ou

- 2 fois par semaine :
- 2 œufs ou 1/2 poulet cuit ;
- légumes frais ou surgelés (mais attention, ces derniers sans ajout d'aucun additif) ;
- 1 fromage blanc ou 1 yaourt nature sans sucre ou avec édulcorant.

Avec son copain :
Fini les pizzas, les quiches : trop salées, trop grasses, parfois trop « enrichies ».
Plutôt :
- 1 plat de pâtes (ou de riz) complètes ;
- tomates ou légumes verts ;
- 1 laitage, non sucré bien sûr !

ou

- 1 steak haché ou du poulet grillé ;
- légumes ;
- 1 fruit ou 1 compote.

Au restaurant :
- 1 poisson poché ou encore 1 grosse salade composée : qu'elle choisisse des choses simples !

Une précision encore : éviter les restaurants chinois où les sauces, nuoc-mân et soja sont beaucoup trop salées.

■ *Deuxième consultation*

Lorsqu'elle revient me voir un mois après, elle a bien suivi son traitement médicamenteux et a pu faire une séance hebdomadaire de drainage lymphatique de 45 minutes. Elle s'est également astreinte à cette nouvelle hygiène alimentaire assez facilement car ce n'est ni une gourmande ni une grignoteuse et elle a réorganisé sa vie en conséquence.

Elle a perdu 1,5 kilo et surtout des centimètres (voir ses mensurations page suivante). Sa peau est plus lisse. Elle a gagné une taille en vêtement et en est tout heureuse. Ce qui l'encourage et m'incite à continuer le même type d'alimentation et le même traitement pendant deux mois.

■ *Son bilan*

Jessica a réussi à perdre encore 1,5 kilo et surtout des centimètres supplémentaires. Je ne lui promets cependant pas de miracle. Je lui explique qu'il faut qu'elle choisisse des sports qui sollicitent ses membres inférieurs et activent la circulation sanguine et qu'elle soit toujours vigilante sur son alimentation. Plus elle aura la main légère sur la salière, plus elle bannira les sucres rapides et les préparations toutes faites qui l'exposent à l'intolérance à certains additifs et la font devenir une femme éponge, moins elle favorisera le retour et l'installation de la cellulite.

■ L'évolution des mensurations de Jessica

Taille : 1,60 m	1re consultation	2e consultation	3e consultation
Poids	55 kg	53,5 kg	52 kg
Poitrine	87 cm	87 cm	86 cm
Taille	67 cm	65 cm	63 cm
Hanches	100 cm	96 cm	94 cm
Cuisses	60 cm	57 cm	55 cm
Genoux	35 cm	33 cm	32 cm
Bras	29 cm	27 cm	26 cm

■ Des conseils diététiques anti-cellulite

Je le répète, il n'y a pas de miracle pour faire disparaître la cellulite, juste une addition de méthodes, plus ou moins lourdes, plus ou moins pérennes. Aucun régime alimentaire n'en viendra à bout à lui seul. On peut seulement donner des conseils diététiques :

• Supprimer au maximum les sucres rapides : bonbons, gâteaux, pâtisseries, chocolats, miel, confitures, sodas, etc.

• Boire de l'eau non salée, c'est-à-dire plate, mais pas trop, pour éviter la rétention d'eau : environ 1 litre par jour.

• Éviter de manger trop salé : charcuterie et fromages notamment.

• Ne pas resaler vos aliments.

• Éviter les aliments tout prêts qui contiennent des additifs qui peuvent vous exposer à une intolérance alimentaire, favorisant aussi une rétention d'eau.

• Bouger : marcher, courir, nager. Au moins une heure et demie par semaine, en trois fois si possible.

La solution la plus radicale pour remodeler la silhouette est la lipo-aspiration (elle agit indirectement sur la cellulite), à condition ensuite d'en protéger les résultats. Pour celle-ci, je me suis abritée derrière les conseils d'un spécialiste, le docteur Thierry Aboudaram (voir p. 261).

■ Les techniques d'accompagnement auxquelles je crois

• Le drainage lymphatique, à condition qu'il soit effectué par un professionnel.

• Le massage et le palper-rouler remplacé maintenant par le Cellu M6®.

• La mésothérapie pour aider à la circulation, mais elle n'a jamais fait maigrir quiconque.

• Certains veinotoniques, même si ils sont décriés aujourd'hui.

• L'amélioration par certaines crèmes amincissantes. Ces produits sont maintenant plus actifs et aident à diminuer l'aspect capitonné de la peau.

Tout cela est à voir avec votre médecin traitant.

LES KILOS MÉDICAMENTS

■ *D'où viennent-ils ?*

Certains médicaments ne sont pas dénués d'effets secondaires et, au nombre de ceux-là figure la prise de poids. Les plus souvent mis en cause sont la cortisone et ses dérivés ainsi que certains antidépresseurs. Mais cela arrive aussi pour des antibiotiques prescrits au long cours. Des traitements hormonaux substitutifs mal dosés, des anti-histaminiques, ou encore un abus de vitamines telle la C qui excite l'appétit et ce sont quelques kilos qui arrivent. De même une prise de calcium en quantité importante et trop longue pour réparer une fracture. Tout peut rentrer dans l'ordre à l'arrêt du traitement avec quelques mesures simples.

On le sait moins, mais des opérations chirurgicales peuvent également avoir cet effet secondaire : certaines personnes à qui on enlève l'appendice, les amygdales ou la vésicule biliaire peuvent y gagner quelques kilos !

Des personnes qui ont subi un traumatisme crânien, un choc sur l'hypothalamus, peuvent être atteintes d'un sur-poids, rebelle à tout régime celui-là. Il ne faut jamais l'oublier dans un interrogatoire médical.

Les kilos médicaments enveloppent tout le corps.

■ *Neutraliser les effets de la cortisone : l'exemple d'Anne-Marie*

Revenons à la cortisone. Comme tous les anti-inflammatoires, elle agit sur les glandes surrénales, dérègle les mécanismes qui gèrent l'eau, le sel et – on le sait moins – le sucre. Ces nutriments, au lieu d'être assimilés, stagnent dans les tissus et donnent cet aspect gonflé si caractéristique.

C'est pourquoi, dès le premier jour de traitement, il faut supprimer sel et sucre partout où ils se dissimulent.

Anne-Marie est une amie qui, depuis deux ou trois ans, souffre d'arthrose du genou appelée gonalgie. Les radios, le scanner, l'IRM l'ont confirmé. Elle est encore trop jeune pour une intervention. Elle a pris beaucoup d'antalgiques qui ne font plus d'effet et son rhumatologue lui propose un traitement à la cortisone. Il la prévient qu'elle va grossir et lui résume ainsi son ordonnance : cortisone égale pas de sucre et pas de sel et protection de l'estomac par un pansement gastrique.

Elle arrive dans mon cabinet très anxieuse, son ordonnance à la main. Son traitement est de trois semaines.

Depuis toujours, elle est vigilante sur son poids. Elle a pris 3 kilos à la ménopause mais pas question d'en accepter un de plus. Tous les six mois, elle vient à ma consultation surveiller sa ligne. Je la pèse : elle fait rigoureusement le même poids que la dernière fois, 60 kilos, et ses mesures n'ont pas changé. Son bilan sanguin révèle une tendance au cholestérol pour laquelle elle est traitée.

Anne-Marie, haut fonctionnaire au ministère de la Culture, va très souvent au restaurant : elle y boit de l'eau gazeuse et peu de vin, se régale, deux fois par semaine, de fruits de mer. Elle aime aussi les poissons fumés. Elle n'est pas très « sucre » mais se laisse parfois tenter par une crème caramel ou une tarte aux fruits.

L'essentiel de la consultation va porter sur les corrections à apporter à son alimentation afin de contrer les effets de la cortisone. Elle ne devra pas déroger à ce plan pendant trois semaines.

Elle n'est pas une adepte des plats tout prêts et des plats du traiteur, c'est tant mieux, parce qu'ils sont de toute façon exclus car salés.

■ *Objectif*

Anne-Marie ne veut pas perdre de poids, mais éviter d'en prendre pendant la durée de son traitement.

■ *Une ordonnance alimentaire stricte*

Je lui fais commander du pain sans sel chez son boulanger et elle supprimera totalement les eaux gazeuses.

Petit déjeuner

- 1 thé sans sucre ou avec édulcorant ;
- 1 yaourt nature non sucré ou sucré à l'aspartam ;
- 1 ou 2 tranches de pain avec 2 cuil. à café de margarine ;
- 1 jus de pamplemousse frais.

Déjeuner ou dîner

- viande grillée ou volaille ou poisson poché, sans sel ;
- mélange de légumes verts ;
- un peu de féculents, sans sel évidemment ;
- 1 salade de fruits ou 1 laitage sans sucre.

Pas de desserts sucrés, bien entendu, mais cela ne lui pose aucun problème. Le seul sucre qu'elle prend, c'est 1 ou 2 verres de vin au restaurant que je lui laisse. Elle est prête à les abandonner.

Attention : pas plus de 2 œufs par semaine car le jaune d'œuf est contre-indiqué pour son cholestérol.

Elle a l'habitude de se préparer une soupe de légumes le soir, je lui demande de ne plus y ajouter de bouillon cube pour l'aromatiser, car ils contiennent trop de sel.

Nous supprimons totalement les charcuteries, le fromage, les radis (ils sont salés !), les fruits de mer, les poissons fumés, les gros cornichons Malossol qu'elle adore (mais conservés dans le sel !).

Elle peut, en revanche, poivrer ses plats, y ajouter des herbes aromatiques, de l'ail, du thym, du laurier, des épices comme le curry.

Au restaurant

Elle peut demander ses plats non salés, c'est possible. D'ailleurs, après ma consultation, nous sommes allées dîner toutes les deux et il a été très facile de demander qu'on ne rajoute pas du tout de sel dans les aliments. Son menu a été une salade de haricots verts et de champignons, qu'elle a assaisonnée elle-même d'une vinaigrette composée d'huile d'olive et de citron (sans moutarde), puis un dos de saumon aux épinards.

■ *Seconde consultation*

Anne-Marie revient un mois après ; avant qu'elle ne se déshabille, je me rends compte, à ses joues, qu'elle n'a pas gonflé. À l'examen, bonne nouvelle, elle a perdu 1,5 kilo, ce qui ne m'étonne pas : lorsque le régime sans sel et sans sucre est scrupuleusement suivi, la corticothérapie, en elle-même, ne fait pas grossir. Mais comme la cortisone retient énormément l'eau, il faut être très vigilant.

Son genou va beaucoup mieux et son rhumatologue va diminuer les doses de cortisone de moitié pour les trois semaines suivantes. Comme elle s'est très bien habituée à son régime, nous décidons de le maintenir tel quel. Ensuite, son rhumatologue diminuera encore les doses pour en arriver à supprimer totalement les corticoïdes. Anne-Marie repassera aux antalgiques, si nécessaire.

■ *Suite du traitement*

Au prix d'une grande vigilance, elle n'a pas souffert de son traitement, d'autant moins qu'il était court – ce qui est souvent le cas en corticothérapie. Bénéfice secondaire : elle a appris à se garder des aliments trop salés, ce qui restera de toute façon une bonne habitude. Car trop de sel est mauvais pour les artères. Elle diminuera drastiquement sa consommation de poissons fumés, prendra l'habitude de bannir la salière de la table, n'ajoutera plus de bouillon cube dans son eau de cuisson des légumes.

Chez un adulte consentant, la suppression de sel et de sucre est tout à fait supportable et gérable. Mais chez une enfant de treize ans, atteinte d'une maladie orpheline – et je sais ce dont je parle, il s'agit de ma petite-fille –, la suppression totale de douceurs est quasi impossible !

■ *Les psychotropes : pour y voir clair*

Le docteur Jean-Noël Colombani est psychiatre, expert près l'Unesco, exerçant à l'hôpital Américain et en cabinet ; c'est en tant que spécialiste des médicaments que j'ai fait appel à lui, pour nous éclairer sur les effets des psychotropes :

« On désigne sous le terme de psychotropes l'ensemble des médicaments utilisés en psychiatrie. Ils appartiennent à diverses catégories :

– les anxiolytiques ;

– les somnifères (ou hypnotiques) ; ces deux types de médicaments ne font pas grossir mais ont d'autres inconvénients : ils entraînent une dépendance et une accoutumance s'ils sont utilisés trop longtemps ;

– les thymorégulateurs (comme le lithium).

– les neuroleptiques (ou antipsychotiques) réservés en principe aux malades psychotiques. On les voit cependant utilisés à doses très faibles pour améliorer les troubles du caractère ou du comportement ;

– les antidépresseurs.

Certains médicaments appartenant à ces trois dernières catégories peuvent entraîner une prise de poids. »

Penchons-nous sur les antidépresseurs car ce sont les plus utilisés.

On entend couramment dire que le Prozac, qui, lui, fait maigrir, a détrôné les autres antidépresseurs. Ce n'est pas le cas.

Quand un psychiatre est amené à choisir un antidépresseur, il réfléchit en termes de mécanisme d'action. Les antidépresseurs agissent sur les neurotransmetteurs (sérotonine, dopamine, noradrénaline...). Selon l'examen clinique de son patient, des signes qu'il montre, le psychiatre choisit l'antidépresseur en fonction de son action sur tel ou tel neurotransmetteur.

La compréhension des mécanismes d'action de ces médicaments fait l'objet d'importantes recherches des neurosciences ; celles-ci avancent à grands pas et nous ouvrent de grands espoirs dans de nombreux domaines.

Beaucoup d'antidépresseurs n'augmentent pas l'appétit. Ceux qui peuvent entraîner une prise de poids agissent sur certaines fonctions métaboliques, dont celles du sucre notamment.

Un autre facteur, bien identifié, mais dont les ressorts restent encore, malheureusement pour le coup, très complexes et mal connus concerne tout la partie psychosomatique avec, à la base, le stress, l'anxiété, un état dépressif, un sentiment de vide, comblés par des grignotages, des repas boulimiques, l'alcool... toutes compensations d'un mal-être que l'on constate de plus en plus dans nos consultations, avec un abandon de l'estime de soi, la perte d'une hygiène de vie psychologique et/ou physique.

On peut donc observer des prises de poids de 10 à 15 kilos, voire au-delà. Le mal-être psychique peut faire grossir très vite ou de façon presque insidieuse devant des petits combats quotidiens perdus, faute d'espoir. Mais ces kilos sont loin d'être définitivement « encaissés ».

Car rien n'est impossible à nos facultés potentielles considérables ! On peut maigrir sous traitement par antidépresseur. Il faut savoir surveiller son alimentation quand on débute un traitement susceptible de vous faire grossir. N'hésitez pas à en parler à votre médecin généraliste, au médecin qui vous propose ce traitement. Ils ont leurs raisons de le faire. Posez des questions, ne fuyez pas, essayez de mieux comprendre pourquoi on vous le prescrit, quels sont les avantages et les effets secondaires. N'ayez pas peur !

Il ne faut pas se tromper d'adversaire. N'arrêtez pas votre traitement même si vous avez le sentiment qu'il vous fait grossir. Les médicaments ont fait d'énormes progrès. Ils vous aideront à vous retrouver vous-même, et donc à pouvoir mieux lutter, et il n'en sera que plus facile, pour vous, de maigrir.

■ *Maigrir sous antidépresseur : l'exemple de Lydie*

Parfois, il faut attendre le bon moment pour entreprendre un régime, et ce n'est sans doute pas au début de la cure. Vous pouvez maigrir en même temps et après car un traitement par antidépresseur dure souvent longtemps. L'exemple de Lydie va vous le montrer.

Lydie tient un salon de coiffure en grande banlieue parisienne. Elle a fait une grosse dépression à la suite de soucis de travail et du décès de son père. Elle a certes délégué à ses employées, mais pas question pour elle de fermer. Son médecin l'a adressée à un psychiatre. Depuis plus d'un an, elle est sous traitement antidépresseur : elle va mieux mais elle n'est pas guérie. Si son psy me l'envoie, c'est parce qu'il la sent capable de se prendre en charge du point de vue nutrition. Avant, ce n'était pas possible car elle ne pouvait tout gérer : l'URSSAF, les deux employées et son moral.

Lydie n'est pas mariée et n'a pas d'enfants. Elle vit depuis quelques années avec un compagnon qui l'épaule mais qui est parfois dépassé par ses angoisses et sa tristesse.

■ *L'examen médical*

Lydie débarque un lundi, jour de la fermeture du salon avec la lettre de son psy et son bilan de santé est normal.

Je l'écoute : « Docteur, depuis que je prends ce médicament, il me réussit bien au point de vue moral mais il m'a fait prendre 9 kilos. Mon psy me le fait diminuer. Il est temps que je redevienne coquette. Je n'avais jamais eu de problème de poids. J'ai toujours pesé 50 kilos pour 1,62 m. Et là, j'ai grossi de partout : sur les bras, la poitrine, le ventre, mes cuisses, et même mes pieds : me voilà avec une pointure supplémentaire ! Moi qui n'ai jamais eu de problème de jambes lourdes, et c'est tant mieux pour mon métier, voilà qu'elles gonflent et qu'elles me font mal. »

Très simplement et très rapidement je lui explique que certains médicaments   qu'il ne faut surtout pas arrêter – favorisent la prise de poids mais qu'il est tout à fait possible de maigrir en suivant son traitement.

Elle dort 7 à 8 heures, avec l'aide d'un somnifère.

Au point de vue digestion, elle est constipée (vraisemblablement à cause du médicament) ; elle gonfle facilement du ventre : ses règles sont normales, elle a un stérilet qu'elle supporte bien. Elle est devenue frileuse. Elle me dit perdre ses cheveux malgré tous les soins qu'elle leur prodigue, sa peau est sèche et ses ongles cassants.

Elle se plaint d'être fatiguée, je lui prescris un cocktail de magnésium, sélénium, vitamines A, C, E et, pour sa circulation, de la *Centella asiatica* car, effectivement, j'ai trouvé ses jambes légèrement infiltrées et gonflées.

Je prescris pour la prochaine consultation un complément d'enquête, à savoir un bilan thyroïdien.

■ *Le bilan alimentaire*

Le matin, Lydie prend un thé qu'elle sucre à l'aspartam, deux tranches de pain de mie brioché avec de la confiture. À midi, elle apporte et avale dans son arrière-boutique soit de la viande, du poulet, du jambon, des œufs durs avec une salade ou des tomates ou des haricots verts et un petit morceau de pain. Là où ça se gâte, c'est dans l'après-midi. Elle est fatiguée, elle a les oreilles pleines de toutes les histoires de ses clientes qui lui rappellent la sienne, souvent elle craque. Elle m'avoue envoyer une apprentie à la pâtisserie pour lui acheter un gâteau ou une douceur dont elle a tant besoin, tout ça arrosé de jus d'orange, soi-disant sans sucre.

Le soir, elle est épuisée. C'est son compagnon qui doit normalement être aux fourneaux. Mais comme il n'a pas beaucoup d'idées, il fait très souvent un saut chez le traiteur de la rue commerçante où le salon est situé et rapporte des quenelles à la béchamel, du couscous, du poulet basquaise... La veille, par exemple, c'était endives au jambon, salade verte et yaourt chocolaté.

Le dimanche, comme sortie, ils vont au restaurant : elle prend toujours un plateau de fruits de mer accompagné de mayonnaise. Et souvent un dessert. Le dimanche soir, c'est rituel, elle se contente d'un yaourt nature sucré à l'aspartam et un fruit (clémentine, pomme ou poire et l'été des fraises ou des framboises).

■ *Objectif*

Nous convenons que Lydie doit perdre entre 7 et 9 kilos.

■ *Mon ordonnance alimentaire*

Petit déjeuner

Je garde son thé sucré à l'aspartam mais je remplace le pain brioché confiture par du pain complet ou semi-complet avec de la compote de fruit sans sucre (car elle n'aime pas le beurre), qu'elle peut faire elle-même sans problème.

Je me rends compte qu'elle ne mange pas assez de protéines et je lui propose, au moins de temps en temps, d'y associer un laitage :

– 1 yaourt nature ou 1 verre de lait demi-écrémé ou 4 cuil. à soupe de fromage blanc à 20 % de MG ;

– 2 cuil. à soupe de céréales type All-Bran, pour lutter contre la constipation. Dans ce cas, pas de pain.

Déjeuner

Il me convient sur le principe mais je pense qu'elle n'est pas assez rassasiée et lui demande d'augmenter ses doses de protéines :

– 2 tranches de jambon ou 2 œufs durs ou 1 belle tranche de viande froide ou 2 blancs de poulet ;

– un peu de féculents pour tenir le coup tout l'après-midi : lentilles, boulgour, blé ou semoule, pomme de terre vapeur, riz ou pâtes complets.

Le dimanche midi :
Je suis d'accord pour le restaurant de fruits de mer, mais sans mayonnaise, et le dessert doit être, si possible, une salade de fruits frais ou un sorbet.

Vers 17 heures

Je lui propose de prendre :
- 1 yaourt nature sans sucre ou avec édulcorant ;
- 1 fruit ou 1 Taillefine mousse de fruits ;
- de l'eau ou du thé léger (fini le jus d'orange).

Mais elle n'aime pas trop les laitages. Je lui suggère alors 1 crème vanille ou chocolatée protéinée qu'elle trouvera à la pharmacie. Qu'elle regarde la composition : la teneur en protéines doit être beaucoup plus élevée que la teneur en glucides et en lipides.

Dîner

Le compagnon de Lydie doit renoncer à la carte de fidélité du traiteur : même s'ils sont délicieux, les plats y sont trop riches et trop gras. J'organise leurs menus.

Lundi et mercredi :
- 1 escalope de veau ;
- brocolis ou choux-fleurs avec 1 cuil. à café de gras (huile, beurre, margarine, crème fraîche) ;
- l'hiver : 1 pomme ou 1 orange. L'été : des fruits rouges ou 1 pêche.

Mardi et vendredi :
- poisson poché ou en papillotes ;
- épinards ou haricots verts ;
- 1 laitage (yaourt ou fromage blanc à 20 % de MG).

Jeudi :
– poulet ou lapin ou pintade rôtis ;
– endives braisées ou tomates à la provençale ou courgettes ;
– 1 fruit.

Samedi :
– omelette aux fines herbes ;
– 1 salade verte, avec ma vinaigrette allégée (voir
p. 175) ;
– 1 compote de fruits sans sucre ajouté.

Dimanche :
Qu'elle conserve son yaourt nature et son fruit.

■ *Deuxième consultation*

Lydie revient un lundi, six semaines plus tard, souriante,
dans un tailleur clair, ajusté, et me dit : « Regardez, cela fait
presque deux ans que je ne l'avais pas mis ! » À mon avis, il
ferme encore difficilement au niveau de la poitrine et de la
taille, mais je suis contente, elle est à la reconquête de son
corps.

Toutes ses clientes la félicitent : « Que faites-vous ? Vous
avez beaucoup minci ! » Or, la balance l'atteste, elle n'a perdu
que 4,2 kilos. Mais la diminution de ses mesures est très
significative : elle faisait certainement une rétention d'eau
que le régime a permis de juguler. Son psychiatre a diminué
de moitié les doses de son traitement antidépresseur.

Bien évidemment, je l'interroge sur ses sensations alimentaires. Son petit déjeuner ne la ravit pas, la confiture lui manque. En revanche, elle est ravie de son déjeuner et n'a plus de coup de barre l'après-midi. Elle n'a presque jamais pris de goûter. Cela est dû, à mon avis, à mon ordonnance alimentaire mais surtout au fait que son moral va mieux. Du coup, deux fois par semaine, je lui autorise de la confiture allégée au petit déjeuner. Le soir, son compagnon a « oublié » une ou deux fois d'aller chez le boucher et est passé par la case traiteur, mais dans l'ensemble, il a joué le jeu, me dit-elle.

Elle est en train de sortir de son gouffre. C'est une femme que je sens énergique. Elle m'explique : « Mes clientes me font confiance pour les aider à choisir une coupe, la nuance de leur couleur, le psychiatre m'a aidé à gérer mon mental, et maintenant, je compte sur vous pour me retrouver, me sentir belle. Moi, je n'y connais rien en nutrition mais dans mon salon, j'entends tellement de choses : qu'il ne faut pas consommer de produits laitiers, ni manger de fruits après les repas, ne plus manger le soir...

– N'écoutez pas toutes ces bêtises, il ne faut pas être trop rigoriste. Certaines personnes ne supportent pas les produits laitiers, mais ça ne veut pas dire qu'il faut les supprimer pour tout le monde ! Il faut être surveillé et accompagné. Je suis contre les interdits, les diktats, sauf si la santé est en danger. »

Nous continuons sur la même lancée et décidons de nous revoir six semaines plus tard.

■ *Troisième consultation : objectif atteint*

Elle a lieu deux mois après parce que Lydie est partie entre-temps une dizaine de jours en croisière sur le Nil avec son compagnon, à la place de notre rendez-vous : comme je la comprends !

Elle m'apporte enfin son bilan thyroïdien. Surprise : il révèle une légère hypothyroïdie – à surveiller mais non pas à traiter –, qui explique la frilosité, les ongles cassants, etc. de Lydie.

Elle est redescendue à 52 kilos et a perdu des centimètres de partout (voir le tableau de ses mensurations, ci-après). Pour moi c'est satisfaisant. Je lui explique qu'on ne va pas se battre pour deux kilos : elle remet ses jeans taille 36, ses tailleurs taille 38. Cela suffit. Le mieux, en l'occurrence, est l'ennemi du bien. J'en informe son psychiatre, qui est tout à fait d'accord avec moi. Elle continue son traitement antidépresseur à mini-dose.

■ *L'évolution des mensurations de Lydie*

Taille : 1,62 m	1re consultation	2e consultation	3e consultation
Poids	59 kg	54,8 kg	52 kg
Poitrine	96 cm	93 cm	92 cm
Taille	80 cm	75 cm	73 cm
Hanches	97 cm	94 cm	93 cm
Cuisses	58 cm	56 cm	55 cm

▪ *La stabilisation*

Petit déjeuner

J'ajoute chaque matin 1 yaourt (ses goûts ont changé et elle le prend sans problème à présent) et autorise 2 cuil. à café de confiture allégée sur le pain.

Déjeuner

Elle conserve son plat fait maison qui change selon la saison : l'été, elle prend des tomates mozzarella et un blanc de poulet avec des courgettes et un peu de boulgour ; ou bien du jambon avec une salade de haricots verts et du quinoa ; des œufs durs avec un peu de graine de couscous et de la ratatouille, etc. Elle emporte toujours un yaourt et un fruit de saison au cas où.

Dîner

Son compagnon s'est pris au jeu de faire un peu de cuisine et respecte à peu près les menus établis : les féculents, nécessaires le midi, ne sont pas autorisés le soir. Je lui permets deux desserts : le repas libre du dimanche et un autre dans la semaine.

■ *Le bilan*

Je la revois six mois après pour un bilan, de retour d'un salon international de coiffure, en Italie. Elle me dit, triomphante, s'être nourrie de pâtes, de risotto et de tiramisu et n'avoir pas pris un gramme. « Trois jours, c'est tolérable, lui dis-je, mais il faut vous méfier : le traitement, maintenant arrêté, a laissé des traces dans votre corps. Vous avez pris quelques années, votre organisme a été bousculé et par la maladie dépressive et par le traitement. Il faut que vous soyez désormais plus vigilante par rapport à votre alimentation. »

■ *Surveiller son alimentation sous traitement antidépresseur*

Grossir sous traitement antidépresseur n'est pas une fatalité. Mais, si l'on grossit, c'est souvent dû à des facteurs complexes, qu'on ne maîtrise pas. Sachez que vous n'êtes pas condamné à traîner ce surplus, même s'il peut dépasser 10 kilos. Vous pouvez maigrir à un moment favorable de votre cure, quand vous vous en sentez capable, c'est-à-dire quand le moral et l'humeur vont mieux. Pour cela, il vaut mieux être accompagné.

Bien sûr, l'idéal, c'est de suivre un programme alimentaire en même temps que son traitement si celui-ci est susceptible de vous faire prendre du poids : votre médecin ou votre psychiatre peut vous informer à ce propos. Pour ma part, voici l'alimentation que je recommande aux patients qui entament ou sont en cure.

Petit déjeuner

– thé ou café sans sucre ou avec édulcorant ;

– 2 tranches de pain légèrement beurrées, à condition qu'il s'agisse de pain du boulanger au levain (surtout pas de pain de mie, de pain brioché, de pains industriels ou de biscottes) ;

ou

– à la place du pain, 2 cuil. à soupe de son d'avoine ou 3 cuil. à soupe de céréales type All-Bran dans le yaourt ou le fromage blanc, utile en cas d'intestin paresseux ;

– 1 laitage : 1 yaourt nature sans sucre ou sucré à l'aspartam, ou 1 barquette de fromage blanc à 20 % de MG ou 2 petits-suisses à 20 % de MG, ou 1 verre de lait 1/2 écrémé pour ceux qui l'apprécient, ou du fromage allégé (type saint-moret à tartiner sur le pain, à la place du beurre) ;

– 1 fruit frais de saison : 1 pomme, 1 poire, 1 orange, 2 clémentines, des framboises, ou des fraises, 1 pêche...

Le déjeuner

Déjeuner n° 1 :

– salade de tomates, avec 1 cuil. à café de vinaigrette allégée ;

– 150 grammes de viande rouge, hachée ou non ;

– courgettes ou endives braisées avec 1 cuil. à café de gras ;

– 1 yaourt nature, sans sucre ou sucré à l'aspartam.

Déjeuner n° 2 :

– Carottes râpées avec 1 cuil. à café de vinaigrette ;

– 150 à 180 g de côtes de veau ou de côtes de porc dans le filet ;

– ratatouille ou tomates au four, avec ail et persil ;

– 1 fruit frais.

Déjeuner n° 3 :

– salade verte (laitue ou autre) ou d'endives avec 1 cuil. à café de vinaigrette allégée (voir p. 175) ;

– 180 g de poisson poché ou vapeur, avec du fenouil ou des haricots verts (avec 1 cuil. à café de gras) ;

– 2 petits-suisses à 20 % de MG sans sucre ou avec édulcorant.

Dîner

Dîner n° 1 :

– potage de légumes sans féculent, avec 1 cuil. à café de crème fraîche allégée ;

– 120 à 150 g de jambon dégraissé ;

– 2 tranches d'ananas frais ou 2 kiwis.

Dîner n° 2 :

– salade verte ou d'endives ;

– 2 œufs coque avec des épinards ;

– 1 yaourt de brebis ou 1 Taillefine mousse de fruits.

Dîner n° 3 :

– 180 g de dinde ou de poulet ;

– brocolis ou choux-fleurs ou poireaux émincés avec 1 cuil. à soupe de crème fraîche allégée ;

– 1 petit bol de fraises ou de framboises (même surgelées).

LES KILOS STOP TABAC

■ *D'où viennent-ils ?*

L'arrêt du tabac ne fait pas grossir, c'est le tabagisme qui fait maigrir ! En effet, la nicotine favorise la lipolyse, c'est-à-dire la fonte des graisses et elle augmente la dépense énergétique générale d'une dizaine de calories par cigarette. Elle diminue la sensation de faim en réduisant les contractions de l'estomac. De plus, le tabac altère la perception du goût, de l'odorat et donc du plaisir de manger.

Le poids du fumeur se situe en moyenne à trois kilos (quatre kilos pour les femmes) en dessous de son poids de forme. Mais dire cela à un futur ex-fumeur et surtout à une future ex-fumeuse, cela ne la console pas et peut être un véritable frein à l'arrêt de son cher poison.

On a également observé que les fumeurs ne se nourrissent pas comme les non-fumeurs : ils absorbent plus de protéines, notamment de viande, de lipides saturés (plats en sauce, charcuterie) et d'alcool. En revanche, ils consomment plutôt moins de lipides polyinsaturés, type oméga 3, de fibres et de vitamines (fruits et légumes leur semblent insipides).

Quand je disais que l'arrêt du tabac ne fait pas grossir, c'était une boutade, car l'appétit augmente et s'accompagne souvent de pulsions sucrées. Dans les mois qui suivent, la prise de poids est souvent progressive et varie en moyenne de 3 à 8 kilos. Chez les femmes, ses kilos se situent principalement sur le bassin, l'abdomen, la poitrine et les bras. Chez les hommes, toujours sur l'abdomen. L'important, c'est de ne pas les laisser s'installer, ils seront plus faciles à déloger. Comme l'a fait sagement Sandrine en venant me voir.

■ *Sandrine aime le sucre depuis l'arrêt du tabac*

Sandrine, 37 ans, est l'assistante d'un styliste de mode. Elle fumait depuis l'âge de 20 ans. Sa consommation variait, selon le stress, les sorties, les défilés : de 8 à 20 cigarettes quotidiennes.

Pendant plusieurs mois, chaque fois qu'elle allumait une cigarette, elle se disait : «Demain, j'arrête.» Promesse de fumeur : «Bien sûr, je n'arrêtai pas, reconnaît-elle. J'étais ligotée par le geste. Ma peau, ma voix s'abîmaient, je le voyais. Une personne m'a même appelée "monsieur" au téléphone. Mon esthéticienne m'a gentiment fait remarquer que ma peau s'était ternie et encrassée. Le pire a été le bilan systématique du travail. Cholestérol et mauvais cholestérol trop élevés, le médecin du travail m'a mise en garde : "Vous prenez la pilule, vous avez un mauvais bilan lipidique et il y a eu des accidents cardio-vasculaires dans votre famille. Il est indispensable que vous arrêtiez de fumer." Et puis, en dehors de ma santé, il devenait ridicule de sortir sur le balcon ou dans la rue pour allumer sa clope.»

Sa décision est prise : elle va arrêter et se faire aider par son médecin. Elle utilise des patchs à la nicotine : ces adhésifs distillent à travers l'épiderme sa « drogue » mais sans les goudrons nocifs. On diminue les doses progressivement, avant de les arrêter.

Elle a réussi, mais, en quelques mois, elle a pris 5 kilos : « Je ne pouvais pas lutter sur tous les fronts. Je savais que je risquais de prendre du poids mais je me suis dit que j'allais résoudre les problèmes dans l'ordre. » Ce qu'elle essaie de faire. Elle a lu quelques articles, discuté avec des amies, construit de bric et de broc sa méthode infaillible pour maigrir toute seule. Elle est tombée dans le piège classique : elle s'est privée de nourriture alors qu'il faut manger pour maigrir mais pas n'importe comment et pas n'importe quoi ! Découragée, la voici devant moi.

■ *L'examen médical*

Elle n'a eu, jusqu'alors, aucun problème de poids : elle a ainsi retrouvé sa ligne après sa grossesse. Elle est sportive : le week-end, elle va à la piscine et fait régulièrement du vélo.

Depuis qu'elle a arrêté de fumer, elle dort un peu moins bien, rien de grave. Ses intestins sont plus paresseux. Classique : les cigarettes du matin plus le thé ou le café ont un effet libérateur sur le côlon. Elle n'a pas de maux de tête. Elle ressent parfois des crampes dans les mollets et les pieds : peut-être un manque de magnésium.

Sa tension, 12/7, est parfaite.

Sandrine va bien. La vie est belle, malgré l'absence de cigarettes. La gestuelle est ce qui lui manque le plus. Mais elle a retrouvé du souffle, une peau éclatante.

Elle ne se plaint que de sa silhouette : « Regardez, docteur, tout ce gras sur mon ventre, c'est affreux ! »

1,68 m pour 64 kilos. Pour moi, il n'y a pas de vrai problème, mais pour elle, la barre des 60 kilos est fatidique : c'est vrai, elle évolue dans le milieu de la mode.

■ Le bilan alimentaire

Au réveil, Sandrine prend un jus de citron dans un verre d'eau minérale parce qu'elle a lu que le jus de citron faisait maigrir : c'est une vieille recette des stars hollywoodiennes des années 1940. Pas de petit déjeuner, sauf deux cafés sans sucre ni sucrette. Dans la matinée, du thé sans sucre ou une tisane. Au déjeuner : le plat du jour ou un sandwich commandé à la brasserie près de son bureau, avec une bière. Hier, par exemple : une blanquette de veau avec du riz, puis un ou deux cafés. Dans l'après-midi : de l'eau, plus trois ou quatre biscuits minceur ou *light*.

Trois fois par semaine, elle sort pour le dîner : soit au restaurant, soit dans un cocktail, par obligation professionnelle. Au restaurant, elle préfère le poisson à la viande avec pommes vapeur ou légumes verts, mais elle ne résiste pas au dessert depuis qu'elle a arrêté de fumer : hier soir par exemple, une crème brûlée avec deux délicieuses tuiles. Dans les cocktails, elle prend une coupe de champagne, des canapés et des petits-fours salés et sucrés. « J'essaie de me restreindre, pourtant!» commente-t-elle. Les autres dîners se passent à la maison. Sa fille de 5 ans ayant dîné avant et son mari ayant fait un déjeuner copieux, ensemble, ils dînent léger : une salade verte avec des œufs ou du poulet ou du jambon. Plus un yaourt au chocolat ou à la vanille : impossible pour elle de ne pas terminer sur une note sucrée, m'avoue-t-elle. D'autant qu'à la maison il y a, à disposition, ce genre de desserts pour sa fille. Avec encore une bière, « très légère » précise-t-elle.

Dans la journée, elle boit beaucoup d'eau, persuadée que l'eau fait maigrir.

Le week end, au niveau des repas à la maison, elle est raisonnable. Son mari et elle font le marché en famille, veillent à une alimentation fraîche, cuisinent des volailles, du poisson... Mais le problème c'est qu'elle organise souvent des goûters (pour sa fille), des thés (pour sa famille et ses amis) où les gâteaux sont au menu! Y compris pour elle.

Je lui prescris des oligoéléments pour la défatiguer et la déstresser et de la théaline, une plante à base de thé vert, qui augmente les dépenses énergétiques, un peu à la façon de la nicotine, mais sans, bien entendu, ses inconvénients.

■ *Objectif*

J'explique à Sandrine que, pour perdre 5 kilos, il nous faudra environ trois mois de « travail ». Elle y est décidée.

■ *Mon ordonnance alimentaire*

Petit déjeuner

Qu'elle garde son jus de citron dilué dans l'eau pour drainer et détoxiquer son organisme. L'idéal serait de se recoucher, après l'avoir ingéré, 10 à 15 minutes sur le côté droit pour libérer la fonction hépatique. D'accord pour 1 ou 2 cafés. J'essaie de lui faire prendre 1 tranche de pain complet ou de seigle ou de campagne au levain avec du fromage allégé à tartiner : c'est elle qui me propose cette solution, elle apprécie ce type d'aliment.

Dans la matinée, d'accord pour son thé, vert ou non, ou sa tisane sans sucre.

Déjeuner

Les sandwiches :
Pas plus de 2 fois par semaine et à ma façon (ou bien elle se le prépare elle-même ou elle le commande à la brasserie où elle est une très bonne cliente) :
– pain de campagne au levain, ou de seigle, ou complet ou 1/3 de baguette, toujours au levain en ôtant la mie si possible (qu'elle varie les goûts) ;
– 120 g de jambon blanc ou de blanc de poulet ou de viande froide ;
– salade, concombre, tomate, cornichons, avec un peu de moutarde ;

– suppression de la bière, qui a un fort index glycémique.

Pour les autres repas :
– le plat du jour : viande ou poisson sans sauce ;
– des légumes verts et quelques féculents (en évitant les pommes de terre sautées et les frites, trop grasses).

Grignotage de l'après-midi

Qu'elle regarde bien la composition des fameux gâteaux minceur ou *light*. Ils sont à éviter car la majorité sont mal équilibrés. Certaines barres chocolatées hypoglucidiques par exemple, contiennent beaucoup trop de gras, qui plus est saturés, les mauvais ! Je lui recommande plutôt du fromage blanc à 20 % de MG avec un fruit de saison ou du Taillefine mousse de fruits (elle peut les stocker dans un frigo, au bureau).

Dîner

Au restaurant italien :
Qu'elle apprécie (en voici une qui n'aime pas le restaurant japonais !) :
– 1 salade de roquette au parmesan ;
– 1 escalope de veau avec des pâtes, sans fromage bien sûr ;
– 1 sorbet, si elle ne peut se passer de dessert.
Nous négocions : pas plus de trois desserts dans la semaine, en comptant ceux à la maison.

Au restaurant traditionnel :

1 entrée ou 1 dessert, 1 plat.

– 1 salade d'épinards et de champignons ou des moules marinière ;

  – 1 sole grillée ou un dos de saumon ;

  – 1 salade d'oranges à la cannelle ou un ananas frais ;

  – 1 verre de vin, de temps à autre.

Les cocktails :

Avant d'y aller, je lui recommande de se caler avec un œuf dur et un fruit. Sur place, elle ne doit pas dépasser 2 coupes de champagne et si possible préférer l'eau pétillante (je recommande la San Pellegrino ou le Perrier, peu salées) ou le jus de tomate.

Bien sûr, avoir la main légère sur les canapés. Les petits-fours, elle doit se contenter de les regarder et se sauver ! Et préférer les crudités, s'il y en a.

Le lendemain, gommer son écart en adoptant par exemple ma journée blanche (voir p. 184) ou ma journée rattrapage (p. 230).

À la maison :

– 1 potage de légumes ou 1 salade verte ;

– 120 g de jambon blanc ou de poulet citronné et persillé ou 2 œufs coque ou brouillés ou 120 à 150 g de poisson poché ;

– 1 mousse de fruit (Taillefine) ou 1 compote de fruits sans sucre ou 1 fruit ;

Ne boire que de l'eau.

Éviter les grignotages superflus qui ne sont pas dûs à la faim : aller faire un tour ou boire 1 verre d'eau à la place ou se trouver une autre activité, tout dépend des circonstances.

■ *Deuxième et troisième consultations*

Un mois plus tard, lorsque Sandrine revient, pour moi elle a bien minci. Pour elle, ce n'est pas suffisant. Pas assez rapide en tout cas, vu ses efforts, car elle s'est privée de bière, de chocolat, de gâteaux. Ce qui m'autorise à lui dire que je n'ai pas voulu être trop sévère. Si elle veut accélérer son amincissement, au restaurant, elle doit supprimer le dessert ou choisir entre dessert et entrée.

Cela dit, son poids est à 62,8 kg. Elle a perdu une taille de vêtements : elle entre dans du 40. Mais elle ne s'en contente pas. Encore une qui veut arriver au 38 !

Elle reconnaît qu'elle n'a pas eu faim. Ses pulsions sucrées demeurent mais elles ont diminué. Je lui explique que le sucre appelle le sucre : plus on mange sucré, plus on a envie de sucre.

Éviter les pulsions sucrées est un rêve et je ne peux lui prescrire de la volonté par ordonnance. Donc, qu'elle ait toujours chez elle, au cas où... des fruits, des sorbets, des compotes de fruits allégées en sucre, des mousses de fruits *light* (genre Taillefine), aux parfums qu'elle aime particulièrement.

Un mois plus tard, elle est passée sous les 60 kilos : 59,2 kg. Elle rentre dans son 38. Elle est ravie, elle a retrouvé sa silhouette d'avant l'arrêt du tabac.

Le goût du sucré lui est presque passé et quand elle en a envie, une compote ou une mousse *light*, toujours à portée dans son frigo, suffit à la combler. Elle ne louche plus sur les yaourts plus riches réservés à sa fille. Elle n'est plus tentée non plus par ses biscuits.

■ *L'évolution des mensurations de Sandrine*

Taille : 1,68 m	1re consultation	2e consultation	3e consultation
Poids	64 kg	62,8 kg	59,2 kg
Poitrine	90 cm	88 cm	88 cm
Taille	82 cm	78 cm	75 cm
Hanches	92 cm	91 cm	90 cm
Cuisses	55 cm	54 cm	54 cm

■ *Le régime de stabilisation*

Il ne faut surtout pas faire l'impasse dessus. Au contraire, il doit durer deux bons mois, car son mode de vie, avec de nombreuses sorties, est dangereux pour son nouvel équilibre encore à consolider.

Petit déjeuner

À la longue, son citron pressé lui a donné des aigreurs d'estomac, on le remplace par 1 fruit variant suivant la saison : kiwi, clémentines, fraises, framboises, ananas, pomme, poire...

Elle en assez du fromage allégé : on le remplace par un peu de beurre sur 2 deux tranches de pain complet ou de seigle.

Déjeuner

Pas question de changer la formulation des sandwichs : elle s'y est habituée et en mange exceptionnellement deux par semaine. Elle opte plus volontiers pour des salades composées avec œufs durs ou poulet ou jambon et des crudités, ce que je trouve nettement préférable !

Dîner

Au restaurant :
Je réintroduis l'entrée, si elle le souhaite, mais pas trop de charcuterie et jamais quand elle prend un plat de pâtes ou des féculents en accompagnement. À la belle saison, qu'elle prenne par exemple :
– des fonds d'artichaut ou des asperges ou des tomates mozzarella ou du jambon de Parme, à condition de le dégraisser ;
– 1 viande ou un poisson grillé ;
– légumes verts ;
– fraises ou sorbet.
Je voudrais préciser à ce propos que manger un fruit à la fin du repas ne fait pas plus grossir que le prendre en dehors des repas ! C'est une idée qui ne repose sur rien de sérieux. J'autorise 2 bières par semaine, dont elle se prive, et qui lui manquent beaucoup.

Chez elle :
Qu'elle continue ses dîners légers à base de viande blanche ou de jambon ou d'œufs avec salade ou potage et

1 yaourt (sans sucre ou avec édulcorant) ou 1 compote sans sucre ajouté.

Les cocktails :

C'est ludique, c'est attirant, elle risque les dérapages. Elle continuera à s'en tenir à 2 coupes de champagne entre-coupées d'eau gazeuse. Mais sur la nourriture, elle se lâche, elle me l'avoue : elle en a assez des tomates cerise, des radis ! Nous convenons plutôt d'une alimentation rattrapage pour le lendemain, qu'elle doit prendre sans aucune dérogation.

■ *Une journée rattrapage*

Petit déjeuner

- 1 café sans sucre ou avec édulcorant ;
- 1 yaourt blanc sans sucre ou avec édulcorant ;
- 1 compote sans sucre.

Matinée

Thé ou eau.

Déjeuner

- viande grillée ou poisson poché ;
- 200 g de légumes verts.

Après-midi

- 1 yaourt nature sans sucre ou sucré à l'aspartam ;
- 1 fruit.

Dîner

- 2 œufs coque ou brouillés ;
- 1 salade verte ou d'endives ou de tomates (1 cuil. à soupe de vinaigrette allégée, voir p. 175) ;
- pas de pain ;
- de l'eau plate.

■ *Le bilan*

Sandrine est revenue me voir quatre mois plus tard, pour sa consultation de bilan, au lieu des six mois habituels, car elle déménage dans une grande ville de province. Son mari y a trouvé une situation très intéressante. Elle va, me dit-elle, se donner un an pour réfléchir, s'occuper à plein temps de sa fille, et peut-être, plus tard, ouvrir une boutique... de mode.

Elle n'a pas regrossi car elle n'a pas attendu pour se dégager de ses 5 kilos. Elle les a pris relativement vite, et après des échecs pour mincir seule, mais qui n'ont pas duré des mois, elle est venu me consulter.

■ *Une nouvelle hygiène alimentaire à l'arrêt du tabac*

Quand on arrête de fumer, on risque de se retrouver avec un excès d'environ 500 kcal quotidiennes (si l'on fume 20 cigarettes par jour) : on va réduire ses dépenses énergétiques de 200 kcal et augmenter son appétit d'environ 300 kcal. Mais ce serait une erreur de se priver, car il faut déjà affronter le « manque » de la cigarette.

Il faut donc garantir absolument la sensation de satiété pour prévenir les risques de grignotage, et pour cela ne pas être restrictif au niveau des quantités. Mais plutôt privilégier des aliments qui assurent une bonne satiété tout en ne faisant pas courir de risque au niveau du poids. Cela tombe bien, l'arrêt du tabac permet de redécouvrir de multiples saveurs.

Les aliments à privilégier

• Beaucoup, les fruits et légumes, de préférence crus : on goûte leurs saveurs et on en préserve les vitamines. À chaque repas.

• Un peu, les légumineuses (fèves, haricots, pois, lentilles, blé complet) et féculents (pommes de terre, pâtes et riz complets). Rassasiants, ils apportent glucides lents, fibres, protéines végétales.

• Le poisson et les volailles par rapport à la viande tout en conservant globalement sa ration de protéines animales.

• Huiles de colza et d'olive plutôt que beurre et crème fraîche : 2 cuil. à soupe par jour pour les salades et cuisson.

• 60 g de pain au levain par jour, à répartir si possible sur les trois repas.

Les aliments à diminuer

• Les matières grasses animales : fromages (à supprimer le soir), charcuteries, les viandes en sauces et grasses.
• Le café, les sodas.
• Les sucreries (bonbons, chocolat, gâteaux, pâtisseries, confiture, miel)… sont à supprimer autant que faire se peut.
• L'alcool : 2 verres de vin par jour, pas plus. Plus d'apéritif ni de digestif ni de bière (aux index glycémiques très élevés).

Comment juguler ses pulsions sucrées

Le sucre appelle le sucre, c'est connu et la sécrétion d'insuline est là. Il faut supprimer les sucreries à la fin des repas et plutôt choisir un fruit ou un laitage en dessert.

Si une envie compulsive de grignoter vous prend, en dehors des repas, consommez des eaux aromatisées sans sucre ajouté, des thés (il en existe d'excellents et de raffinés si vous êtes amateur), des yaourts ou laitages sans sucre ou sucrés à l'aspartam, ou bien encore croquez une pomme. Vous pouvez aussi déplacer cette envie, en faisant autre chose, le temps que l'envie passe : vous aérer par exemple, marcher, vous attaquer à un classement ou à un rangement si vous êtes chez vous…

Les substituts nicotiniques, particulièrement la gomme à mâcher, semblent diminuer la prise pondérale, en évitant les gestes compulsifs vers la nourriture car elles remplacent la gestuelle de la cigarette.

L'exercice physique permet d'évacuer le stress et de se faire plaisir, de sentir son corps. Marcher, nager, faire du vélo, courir, faire de la gymnastique mais aussi, bricoler, jardiner, au moins une demi-heure par jour, est très bénéfique.

Pour d'autres, le yoga, la sophrologie, la relaxation seront des aides précieuses. C'est tout un équilibre de vie à reconstruire, pas seulement alimentaire. Il faut en être conscient.

■ *Des repas types à l'arrêt du tabac*

Petit déjeuner

– 1 café ou 1 thé sans sucre ou avec édulcorant ;
– 50 g de pain ;
– 80 g de jambon ou 1 œuf coque ou 50 g de fromage.

Déjeuner

Déjeuner n° 1 :
– crudités : carottes râpées, tomates, concombre avec 1 cuil. à café de gras ;
– 180 g de poisson et des pommes de terre vapeur ou du riz complet ou de la semoule ;
– 1 yaourt sans sucre ou avec édulcorant.

Déjeuner nº 2 :

– 150 g de poulet ;

– salade verte et 1 cuil. à soupe de gras ;

– 1 morceau de fromage de chèvre frais et 1 fruit ou 1 compote sans sucre ajouté.

Déjeuner nº 3 :

– 150 g de dinde ;

– légumes verts et du riz complet ;

– 1 fruit

Dîner

Dîner nº 1 :

– 1 pavé de saumon (180 g) ;

– pois gourmands (250 g) avec 1 cuil. à café de gras ;

– 1 pomme ou 1 poire ou 2 clémentines.

Dîner nº 2 :

– pâtes complètes (70 g de pois secs) cuites *al dente ;*

– avec un coulis de tomates, des champignons, des courgettes, des herbes aromatiques.

Ne pas associer ce dîner avec un déjeuner comprenant des féculents.

Dîner nº 3 :

– omelette aux fines herbes (3 œufs) ;

– salade verte (plus 1 cuil. à café de vinaigrette) ;

– 150 g de fromage blanc à 20 % sans sucre ou avec édulcorant.

Pause grignotage, si nécessaire

1 jus de tomate et 1 œuf dur ou 30 g de pain avec du fromage allégé à tartiner.

LES KILOS MANQUE DE TEMPS

■ *D'où viennent-ils ?*

J'ai de plus en plus souvent affaire, dans ma clientèle, à ces jeunes femmes très actives, très pressées qui ne prennent plus de temps pour la maison et pour elles. S'occuper des courses, de la nourriture est une perte de ce précieux temps. Elles sont parfois des adeptes, quand elles en ont les moyens, de solutions de livraisons de menus, soidisant équilibrés, mais en fait rarement satisfaisants et suffisants. Les autres achètent des plats tout prêts dans les rayons traiteurs des grandes surfaces, pleins d'additifs et, là encore, ni équilibrés ni suffisants. Et elles en paient le prix au niveau de leur corps et de leur poids. Il n'est pas plus difficile de remplir frigo et placards d'éléments simples et faciles à cuisiner (voir « Comment faire son marché », p. 147).

■ *Emmanuelle, jeune maman débordée*

C'est une grande et très jolie jeune femme, légèrement excitée – est-ce parce que je l'ai fait attendre quelques minutes ? – qui franchit la porte de mon cabinet en cette soirée de printemps, s'assied fougueusement et me lance tout de go : «Docteur, je viens pour maigrir (comme si je ne m'en doutais pas !). J'ai pris plus de 4 kilos cette année. Je ne suis pas mince, c'est ma nature, mais tous ces kilos sur les fesses et les hanches, je ne le supporte plus !»

Doucement, prenons les choses dans l'ordre, et faisons un peu connaissance.

Emmanuelle a 31 ans, un enfant de 2 ans, Valentin, une activité professionnelle prenante et passionnante, précise-t-elle, dans un grand cabinet d'avocats d'affaires où elle gravit les échelons depuis son arrivée. Au prix d'un fort investissement. Quand elle n'est pas en réunion, elle prépare un dossier, elle court chez un client, puis chez un autre, puis elle revient vite au bureau, où elle enchaîne une autre réunion, un autre dossier. Emmanuelle veut réussir, se montrer indispensable. C'est une bosseuse ! Son mari est sur le même modèle professionnel.

Elle se dit « correctement » organisée avec une nounou en garde partagée avec des voisins : une semaine sur deux, il faut aller récupérer Valentin chez eux, une semaine sur deux, tout va mieux : il est à la maison. Encore que, la nounou ayant elle-même une famille, il ne faut pas trop tirer sur la corde des horaires : résultat, c'est souvent la course, et parfois les négociations sont serrées, avec son mari, pour savoir qui va rentrer le premier à la maison.

■ L'examen médical

Pendant sa grossesse, elle a pris 17 kilos qu'elle n'a pas reperdus totalement : 2,5 kilos sont restés... Elle a subi une césarienne et n'a pas allaité son bébé. Son bilan de santé est excellent. Il n'y a rien à signaler : « Je dors bien, je m'écroule même. Je n'ai jamais mal à la tête ni au ventre. »

Elle ne prend rien sauf une mini-pilule : il n'est pas question d'un deuxième bébé.

■ Le bilan alimentaire

Le matin, Emmanuelle se lève tôt car elle part tôt, elle avale très rapidement un café avec un sucre et un yaourt sucré aux fruits, en se préparant. Puis il faut préparer Valentin, une semaine sur deux seulement, heureusement, mais en tout cas lui faire prendre son petit déjeuner ; parfois, c'est son mari qui s'en charge : tout dépend des horaires, des réunions, des rendez-vous de chacun : « Il faudrait un planning de chacun par semaine », soupire-t-elle. Dans la matinée, elle reprend un café, fadasse, qu'elle sucre abondamment, au distributeur. Elle déjeune très rarement dehors, par manque de temps, très rarement aussi avec des clients, ce n'est pas son job. Elle se fait apporter par son assistante un sandwich bien gras qu'elle avale sans aucun plaisir. Le soir, souvent épuisée, quand son enfant est endormi, elle avale un bol de soupe toute prête et un morceau de fromage.

■ *Objectif*

L'objectif que nous nous fixons avec Emmanuelle est de redescendre sous la barre des 70 kilos, soit une perte de 7 kilos, pour revenir à son poids d'avant la grossesse.

■ *Mon ordonnance alimentaire*

Son problème est que, hormis une mauvaise alimentation, paradoxalement, elle ne mange pas assez. La seule chose qu'elle fait de bien dans la journée, c'est de boire de l'eau.

Petit déjeuner

– 1 café ;
– 1 yaourt nature et sans sucre ;
– 1 tranche de pain (complet ou de seigle ou de campagne au levain, du boulanger) légèrement beurré.

Déjeuner

Impossible de lui supprimer ses sandwichs cinq jours sur cinq. Elle adore, me dit-elle, et elle ne peut faire autrement. Surtout que, bien conçus, ils ne font pas particulièrement grossir. Mais en général, ceux des boulangeries, avec de la mayonnaise ou du beurre, sans crudités ou presque, avec trop peu de protéines, sont mal équilibrés. Je les autorise à Emmanuelle deux fois par semaine à condition qu'elle les prépare elle-même, à moins qu'elle puisse les commander selon ma recette à la boulangerie ou à la brasserie. Elle proteste – comme je m'y attendais – qu'elle n'a pas le temps. « Cela ne vous prendra que quelques minutes : du pain du boulanger au levain, du jambon ou de la volaille ou de la viande froide, plus de la salade, de la tomate, des cornichons. Pas de beurre et pas de mayonnaise. »

Les autres jours, qu'elle se fasse monter le plat du jour du restaurant ou du traiteur en bas : une viande ou un poisson avec des légumes verts ou une salade s'il n'y a pas de légumes verts. Cela ne posera pas de problème financier à Emmanuelle.

Je lui demande de faire une pause dans l'après-midi. Car on brûle des calories dans la digestion : elle prendra de l'eau et 1 fruit ou 1 yaourt. Elle a un frigo et une fontaine d'eau à côté de son bureau.

Dîner

Qu'elle les organise de façon hebdomadaire pour elle et son mari.

Lundi et jeudi :
– escalope de poulet, de veau ou de dinde grillée ;
– brocolis ou haricots verts ou épinards (surgelés) ;
– 1 fruit de saison ou une compote sans sucre ajouté.

Mardi et vendredi :

– omelette aux fines herbes et une salade verte (avec 1 cuil. à soupe d'huile) ;

– fromage blanc à 20 % de MG ou 1 yaourt sans sucre ou avec édulcorant.

Mercredi :

Si elle n'a pas pris de sandwich le midi (car je ne veux pas deux féculents dans la même journée) :

– un plat de pâtes avec tomates, ail, basilic, et 1 cuil. à café d'huile d'olive ;

– 1 laitage (sinon elle inversera avec le dîner du jeudi).

Samedi :

Dîner libre pour la sortie entre copains.

Dimanche :

Après un vrai déjeuner de famille :

– crevettes sans mayonnaise ou crudités ;

– rumsteak ou côtes d'agneau ;

– légumes verts ;

– salade de fruits frais (très souvent, ils sont dans leur famille et dégustent de bons petits plats).

Le dîner sera très simple :

– potage de légumes (elle en prépare pour son petit garçon, elle augmentera les quantités), ou une salade ;

– jambon.

Ma chance : elle ne boit ni soda ni alcool, hormis lors des fêtes d'anniversaire, où elle prend une coupe de champagne.

■ *Deuxième consultation*

Son planning très serré ne lui laisse de la place pour me revoir que deux mois plus tard. Elle arrive toute contente d'elle, et de moi, me dit-elle : 5 kilos se sont envolés et elle a retrouvé sa taille 42.

« Vous m'avez réappris à manger. J'ai presque un désamour pour les sandwichs. Je les ai souvent remplacés par une salade composée avec un morceau de pain. » Tant mieux !

Depuis peu, elle s'oblige à aller une heure par semaine suivre un cours de gym : le jour du sandwich.

Comme Emmanuelle n'a jamais fait de régime, les deux kilos qui restent ne devraient pas être trop difficiles à faire partir.

■ *Menus vacances*

Comme les vacances s'annoncent quinze jours plus tard, nous nous concentrons sur ces trois semaines en Corse, je ne tiens pas à ce qu'elle perde les bénéfices de ses efforts.

Emmanuelle et son mari ont loué une maison avec deux couples d'amis et leurs enfants de 7, 8 et 10 ans, plus Valentin.

En vacances comme le week-end, Valentin réclame sa maman ou son papa à huit heures, m'explique-t-elle. Elle lui fait une bouillie chocolatée puis le recouche. Qu'elle prenne alors un thé léger, un jus de fruit frais et se recouche, elle aussi. Vers 10 h 30-11 h, la maisonnée se lève et se retrouve pour le brunch : café, jus de fruit frais, fruits, jambon, yaourts, fromage avec le pain frais du bon boulanger du village. Puis départ pour la plage. Au programme : activités nautiques diverses, pédalo, natation.

Je lui demande d'emporter, dans une glacière, des œufs durs, des fruits, des tomates, des yaourts nature, du fromage, si elle n'en a pas consommé le matin, de l'eau et des goûters classiques pour les enfants. Surtout qu'elle ne fasse pas l'impasse sur son repas de 14-15 heures. Ce serait un très mauvais calcul : c'est l'hypoglycémie assurée en fin de journée avec le risque de se jeter sur n'importe quel aliment, de préférence sucré.

Le soir : poissons et viandes grillés, volaille, brochettes, au barbecue... avec des salades et des fruits.

■ *Troisième consultation*

Quand elle revient en septembre, Emmanuelle est encore toute dorée. C'est une belle plante, épanouie, éclatante. Elle a des rondeurs, elle en est satisfaite, mais elle a perdu ses 7 kilos excédentaires. Elle me dit avoir parfaitement compris la façon de manger et c'est l'essentiel.

■ L'évolution des mensurations d'Emmanuelle

Taille : 1,75 m	1re consultation	2e consultation	3e consultation
Poids	76 kg	71,2 kg	68,8 kg
Poitrine	104 cm	100 cm	99 cm
Taille	86 cm	80 cm	77 cm
Bassin	108 cm	103 cm	100 cm
Cuisses	64 cm	62 cm	60 cm

■ Une nouvelle organisation

Elle continuera à prendre un petit peu plus de temps pour s'occuper d'elle, m'affirme-t-elle, et énumère l'organisation qu'elle a mise en place :

– elle prend son petit déjeuner avec Valentin qui est entré à l'école maternelle ;

– elle a presque banni les sandwichs, sauf le jour de la gym, dont elle ne saute pratiquement aucune séance. Mais elle les prépare dorénavant elle-même ;

– elle respecte sa pause de 17 heures (quand elle n'est pas en réunion) pour prendre un yaourt et un fruit, avec un thé léger ;

– toute la famille va faire du vélo en forêt le samedi ou le dimanche ;

– les menus de la semaine sont affichés sur le frigo, les ingrédients achetés le samedi au supermarché, complétés le dimanche au marché, et le premier rentré les prépare.

Je n'ai pas de nouvelles d'Emmanuelle pendant deux ans. Je la reverrai enceinte. Elle ne veut pas se retrouver « aussi monstrueuse qu'à la fin de la grossesse de Valentin », m'explique-t-elle, et me fait confiance pour l'accompagner.

■ Préparer soi-même un sandwich équilibré

• Choisir un pain de boulanger de qualité préparé au levain, plutôt qu'à la levure (l'index glycémique sera moins élevé). Ne pas utiliser pains de mie, pains suédois, etc., qui comportent du gras et du sucre en plus, et, quand ils sont industriels, des additifs.

• Utiliser du fromage frais (type saint-moret allégé) ou de la moutarde, pour remplacer beurre et mayonnaise.

• Prévoir suffisamment de protéines (environ 120 g) et les varier : thon (au naturel), jambon, poulet, saumon, rosbif froid, rôti de porc (maigre) froid...

• Ajouter des crudités : salade, tomates, concombre, radis noir ou rose, mais aussi légumes grillés (aubergines et courgettes disponibles en surgelés avec du fromage type mozzarella).

• Ne pas oublier le dessert : fruit et laitage (si votre sandwich ne contient pas de fromage).

• Et la boisson : de l'eau de préférence.

■ *Quelques idées pour composer soi-même ses salades*

L'intérêt de la préparer vous-même est qu'elle sera plus riche en protéines et qu'elle vous calera mieux. Elle devra contenir des crudités ou des légumes verts, un peu de féculents (si vous la prenez sans pain), afin de tenir tout l'après-midi.

Prévoyez 1 fruit et 1 laitage (sauf si votre salade contenait du fromage). Ce dessert peut être consommé, à votre convenance, plus tard dans l'après-midi.

Exemples :

– du thon au naturel avec des haricots verts aux échalotes, des tomates, un peu de boulghour ;

– du jambon blanc, un œuf dur, du fromage émincé, de la salade verte, des concombres, des radis, de la ciboulette, avec du pain ;

– du saumon, des pousses d'épinard, des oignons, un peu de riz complet ;

– du rôti de porc froid avec du fenouil, des tomates, des lentilles ;

– 150 à 200 grammes de crevettes décortiquées avec un peu de pâtes complètes et de la ratatouille (surgelée) ;

– du poulet froid émincé avec de la laitue, des champignons de Paris, de la graine de couscous.

■ Comment équilibrer ses repas quand on déjeune dehors le midi ?

Au restaurant japonais :
– soupe ;
– salade de chou ;
– sushis ou sashimis.

Au restaurant chinois :
– raviolis vapeur ;
– salade de poulet aux pousses de soja.

Au restaurant italien :
– 1 part de pizza comprenant jambon et champignons, en plus de la base qui est toujours tomates et fromage (ne pas ajouter d'huile piquante ni de parmesan râpé) ;
– salade verte ou mixte (c'est-à-dire tomate + salade verte) ; demandez la sauce à part et n'en prenez que 1 cuil. à soupe ;
– avec de l'eau ou éventuellement un soda *light*.

Au restaurant traditionnel :
– le plat du jour que vous consommerez sans sauce avec sa garniture ;
– si ce sont des frites ou des pommes de terre sautées, trop grasses, demandez une salade verte ou des haricots verts nature.

■ *Comment compenser le soir ?*

Si vous avez pris une pizza à midi, au dîner vous ne consommerez ni féculents ni fromage, mais :
- volaille ou viande blanche ;
- légumes verts (surgelés au besoin) avec 1 cuil. à café de gras (huile, beurre, margarine, crème fraîche) ;
- 1 fruit de saison.

Si vous vous êtes contenté d'un sandwich, vous prendrez :
- 200 g de poisson poché avec des légumes verts (surgelés ou non), toujours avec 1 cuil. à café de gras ;
- 1 mousse de fromage blanc allégée aux fruits.

Si vous avez déjeuné au restaurant japonais ou chinois, vous prendrez :
- 1 steak (pour les protéines et le fer) ;
- choux fleurs ou endives braisées, avec 1 cuil. à café de gras ;
- 1 salade de fruits (excellente en surgelée, si vous n'avez pas le temps d'en préparer une, même simple, à base de fruits rouges par exemple).

Si vous avez goûté le plat du jour de la brasserie, le soir, contentez-vous de :
- 2 œufs ou de 2 tranches de jambon blanc ;
- salade verte ou mixte concombres et tomates ;
- 1 laitage sans sucre ou avec édulcorant (yaourt nature ou fromage blanc à 20 % de MG).

MON PROGRAMME TOP MODEL

Aujourd'hui, on vante les mannequins pour leur jolies rondeurs. Certaines – j'en ai parmi ma clientèle – sont des gourmandes qui ont parfois 2 ou 3 kilos de trop. Et lorsqu'il s'agit de défiler, elles sont au centimètre, aux 500 grammes près ! Pour elles, j'ai imaginé une conduite alimentaire sur trois semaines qui leur permet d'être en forme et en beauté !

■ *Petit déjeuner*

– 1 verre d'eau avec 1 comprimé polyvitaminé ;
– 1 thé ou 1 café léger, ou 1 tisane (sans sucre ou avec édulcorant) ;
– 1 verre de lait ou 1 yaourt nature ;
– 1 fruit frais.

Au cours de la journée : 8 verres d'eau, repas compris : les mouvements d'eau dans l'organisme défatiguent et elles en ont besoin lors de ces journées marathon, mais pas trop non plus pour ne pas risquer une rétention.

■ *Déjeuner*

Lundi-mercredi

– 150 g de viande grillée ou 2 tranches de viande froide ;
– crudités : carottes ou tomates ou concombres (légèrement salées, poivrées, 1 jus de citron et 1 cuil. à café d'huile
de colza ou d'olive) ;
– 1 cottage cheese ou 1 fromage blanc (200 g) à 20 % de
MG (sans sucre ou avec édulcorant).

Mardi-vendredi

– 200 g de sole grillée ou de poisson poché ;
– épinards ou courgettes avec 1 cuil. à café de gras
(huile, beurre, margarine, crème fraîche) ;
– 1 bol de fraises ou de framboises ou 1 granny smith ou
2 clémentines.

Samedi

– foie grillé ou mixed grill ;
– brocolis ou choux-fleurs avec 1 cuil. à café de gras
(huile, beurre, margarine, crème fraîche).

■ *Dîner*

Lundi-mercredi

– saumon grillé ou omelette nature (3 œufs) ;
– haricots verts (vapeur) ou céleri ;
– 1 yaourt nature sans sucre ou avec édulcorant.

Mardi-vendredi

– 200 g de poulet ou 2 tranches de jambon ;
– salade de mâche ou frisée (un peu de sel, poivre, vinaigre ou citron avec 1 cuil. à café d'huile d'olive ou colza) ;
– 50 g de fromage dur allégé.

Samedi (souvent au restaurant)

– plateau de fruits de mer avec citron ou vinaigre, sans pain ni beurre ni mayonnaise ;
– ou poisson grillé ou poché ;
– 1 salade de fruits frais ou 1 ananas frais.

Déjeuner et dîner (même petit déjeuner)

2 jours par semaine : jeudi et dimanche par exemple (il est important qu'ils ne se suivent pas) :
– 2 bols de bouillon de légumes avec les légumes mixés : poireaux, navets, courgettes, fanes de radis, salade, carottes. Pour le goût, j'ajoute un bouillon-cube ;
– 1 bol de compote de fruits sans sucre (200 g environ) ;
– boisson : au lieu des 8 verres quotidiens, on boit du bouillon.

Dans ce programme alimentaire, rien ne manque : les sucres sont là, juste ce qu'il faut pour l'énergie, les protéines l'emportent pour la fermeté du corps, le gras n'est pas absent, il est nécessaire à l'éclat de la peau et des cheveux. Vitamines et sels minéraux sont présents. En revenant à une alimentation normale, je demande à ces créatures de rêve, comme à toutes mes patientes, de se méfier des frites, de l'alcool et des pâtisseries... elles ne reprendront pas un gramme !
À suivre exceptionnellement et de préférence sous surveillance médicale.

CONCLUSION

La méthode miracle n'existe pas. Vous l'avez bien compris.

Mincir, maigrir, c'est un travail, un essai, un chemin à faire ensemble.

Je ne me suis jamais comportée en juge, sans doute parce que dans ma vie pondérale, j'ai vécu de très près ce que j'entends de mes patients et patientes. Au cours d'un programme amaigrissant, il y en a des embûches : l'arrêt, la rechute, la maladie, la fatigue, le ras le bol... Autant de facteurs personnels que je me dois de comprendre, d'accepter, mais sans les excuser. Il me faut simplement, à force d'écoute et de compréhension des mécanismes perturbateurs, accompagner, aider, encourager et remettre sur les rails ces personnes. Rien n'est insurmontable, tout particulièrement dans ce domaine. Je le sais.

Jamais je ne me suis transformée en « docteur miracle », en doctrinaire et encore moins en gourou. Au cours de ma longue carrière, j'ai éprouvé de la vraie tendresse pour ces patients et patientes en attente du poids idéal, qui vous l'avez compris, est différent pour chacun d'entre nous. À chaque rencontre, je me suis penchée sur le problème humain. À force d'examen, d'écoute, de regards, j'ai adapté mes connaissances et ma pratique de nutrition à chacun d'entre nous.

L'important c'est de redonner force, espoir et de gagner.

ANNEXES

■ *La lipo-aspiration, solution choc pour la silhouette* *Les réponses du docteur Thierry Aboudaram*

Dans certains cas, un régime, des soins, des techniques locales, ne peuvent venir à bout d'une graisse installée, envahissante. Il m'arrive d'évoquer avec mes patientes la chirurgie plastique. C'est pourquoi, dans le cadre de ce livre, il m'a semblé important d'approfondir les solutions que peut apporter la lipo-aspiration avec un chirurgien plasticien très expérimenté, le docteur Thierry Aboudaram[1]. En lui posant les questions que vous me posez.

En quoi consiste une lipo-aspiration ?

La lipo-aspiration, technique la plus répandue en chirurgie esthétique, consiste à aspirer les excédents graisseux localisés, disgracieux, pour réharmoniser la silhouette. La lipo-aspiration est surtout efficace pour enlever la plus

---

1. Le docteur Aboudaram, ancien chef de clinique des hôpitaux de Paris, attaché à l'hôpital de la Pitié-Salpêtrière, pratique la chirurgie esthétique et la chirurgie reconstructrice en clinique à Paris.

grande partie de la graisse profonde et une partie seulement de la graisse de surface. Depuis l'époque de son invention par le docteur Yves-Gérard Illouz en 1977, le principe de base est resté identique mais la technique s'est perfectionnée.

En pratique, l'intervention commence par une injection d'une solution de sérum physiologique avec des vasoconstricteurs et des anesthésiques locaux. Il s'agit de la méthode « tumescente ». On réalise des petites incisions, de quelques millimètres, en regard des zones aspirées. Ces incisions sont le plus souvent dissimulées dans un pli naturel. L'aspiration s'effectue grâce à des canules fines, parfois courbes, et s'adresse à des zones bien ciblées qui s'échelonnent depuis le visage jusqu'aux chevilles. On utilise une pompe à vide. La graisse va dans des bocaux finement gradués pour contrôler, zone par zone, le volume retiré.

Les canules ont évolué techniquement par leurs orifices qui sont situés sur la partie inférieure de la canule mais également sur ses deux côtés latéraux. Ainsi, l'aspiration est mieux répartie dans les tissus profonds, ce qui évite l'effet de « tôle ondulée ». Le volume maximum d'aspiration correspond à 7 % de la masse corporelle.

Cette intervention doit être pratiquée dans un bloc opératoire par un chirurgien plasticien qualifié. Sous anesthésie générale ou rachianesthésie (qui est plus simple qu'une péridurale car aucun cathéter n'est laissé en place).

Quelles sont ses indications et ses contre-indications ?

Les indications sont essentiellement l'aspiration d'amas graisseux localisés sur une peau présentant un bon potentiel de rétraction dans cette zone. Les zones les plus faciles à aspirer sont les hanches, la culotte de cheval et la face interne des genoux. Les zones plus délicates sont les joues, les bajoues, le cou, la face interne des cuisses et des bras, les mollets et les chevilles. L'aspiration de l'abdomen est possible, de façon variable, suivant qu'il s'agit d'un homme ou d'une femme. Dans ce cas, la qualité de la peau sera notamment modifiée par d'éventuelles grossesses.

Les contre-indications peuvent être d'ordre général, comme l'obésité ou un poids trop variable. Un état de santé précaire avec des antécédents de phlébite ou d'embolie pulmonaire rendra, bien sûr, très prudent.

Les contre-indications locales sont essentiellement dues au relâchement de la peau que l'on retrouve souvent au niveau de la face interne des cuisses ou des bras. Dans ces cas-là, il sera nécessaire d'associer à la lipo-aspiration un lifting de cette zone. Le point fondamental est de bien réfléchir à la capacité de redrapage de la peau dans la zone où l'on souhaite faire l'aspiration. Les vergetures sont souvent un signe que, à ce niveau, l'élasticité maximum de la peau a été atteinte et que celle-ci a « craqué ». On ne peut donc plus compter sur un redrapage efficace dans cette zone. Il est important de comprendre que la lipo-aspiration n'enlève pas toute la graisse car le chirurgien va préserver une couche de surface. Mieux vaut, en effet, en laisser un peu que d'avoir un aspect cutané flasque.

Quel est l'âge limite pour la pratiquer ?

En réalité, il est beaucoup plus question de la qualité de l'élasticité de la peau et de la zone choisie que de l'âge de la patiente. Au préalable, on vérifiera que cette dernière présente un bon état de santé sans antécédents contre-indiquant cette intervention (problème cardio-vasculaire par exemple).

Chez des patientes de plus de 45 ou 50 ans, une lipo-aspiration nécessitera, dans certaines zones, une retension de la peau. Ainsi, au niveau du visage ou du cou, il sera peut-être nécessaire d'associer un lifting cervico-facial. Au niveau de la face interne des cuisses ou des bras, un lifting des membres est parfois réalisé ainsi qu'au niveau de l'abdo-men.

En général, les zones ne posant aucun problème à tout âge sont les hanches, la culotte de cheval et la face interne des genoux.

À quels types de cellulite, l'intervention conviendrait-elle le mieux ?

La lipo-aspiration n'aspire pas la cellulite qui est une localisation de surface se traduisant par des petits capitons graisseux cloisonnés au ras de la peau. Seule la section des cloisons fibreuses pourrait supprimer l'aspect « cellulite » mais cela se traduirait au pire par un flottement de la peau qui ne serait plus adhérente en profondeur. La lipo-aspira-tion agit par effet indirect en aspirant la graisse profonde, ce qui diminue la pression sur la graisse de surface et ainsi l'aspect visuel du capiton. L'endermologie (Cellu M6®) à par-tir de six semaines postopératoires, peut donner une bonne amélioration sur l'aspect de cette cellulite en rompant quelques travées fibreuses par la technique de « palper-rouler motorisé ». Parfois, on travaille avec des canules très fines près de la peau, mais très prudemment, et en laissant toujours de la graisse de protection sous la peau.

Y a-t-il des risques ? Tôle ondulée...

Il existe toujours des risques dans une intervention chirurgicale mais la technique est extrêmement répandue et éprouvée. Les risques sont d'autant plus minimes qu'elle est réalisée maintenant uniquement par des chirurgiens plasticiens qualifiés.

Les risques sont très diminués par l'analyse rigoureuse de chaque zone traitée : on évalue la qualité de la graisse (fibreuse, fluide...), la qualité de la peau (élasticité, épaisseur, tonicité...). On met à profit l'expérience que l'on a de chaque zone (risque anatomique dans une zone particulière par exemple...).

La tôle ondulée vraie n'existe plus, mais il peut y avoir un petit creux ou une bosse résiduelle. Il y a des solutions : les creux vont être comblés par un lipofilling et une bosse pourra bénéficier d'une réaspiration, le plus souvent sous anesthésie locale. La distension de la peau a été anticipée, et on a proposé secondairement un lifting de la zone si cela s'avérait nécessaire.

Parfois, une collection sanguine ou lymphatique peut survenir sous la peau et nécessiter exceptionnellement une ponction.

On constate parfois une diminution temporaire (quelques mois) de la sensibilité locale dans certaines zones.

Les risques généraux concernent le plus souvent une anémie qui est très fréquente. Un traitement substitutif par des comprimés de fer (et d'acide folique) est le plus souvent donné pendant trois semaines.

Il existe également un risque de phlébite qui est prévenu par l'administration systématique d'anticoagulant pendant au moins huit jours. En cas de doute, un bilan veineux préopératoire est réalisé par un échodoppler.

Pour diminuer les risques liés à l'anesthésie générale, on a tendance a privilégier des anesthésies locorégionales (rachianesthésie...).

La lipo-aspiration fait elle maigrir ?

Non et oui.

Non, car il ne faut pas la faire dans ce but. Pour maigrir, il vaut mieux, bien sûr, faire un régime, adapter son hygiène de vie et faire du sport. D'un autre côté, il est vrai que la lipo-aspiration, qui va aspirer au maximum 7 % du poids total, va souvent retirer près de 4 kg.

On maigrit visuellement, avec une silhouette qui s'amincit, s'allonge et devient plus gracieuse. La beauté naît de l'harmonie et c'est ce à quoi sert la lipo-aspiration.

Doit-on perdre du poids avant une lipo-aspiration ?

Si on a un bon rapport entre son poids et sa taille, il n'est pas nécessaire de maigrir mais plutôt d'avoir un poids relativement stable. L'ennemi c'est de grossir après l'intervention. Il existe un piège important à comprendre. Dans les trois semaines postopératoires, la patiente a une activité physique faible. Si elle s'alimente comme d'habitude, elle prendra inéluctablement du poids. Il est donc conseillé de diminuer sa ration calorique durant cette période d'activité réduite.

Compléter la lipo-aspiration par un régime est très bénéfique, car aux 3 ou 4 kg en moyenne retirés par la liposuccion, peuvent se rajouter 2 à 3 kg dus à un régime. Il est assez facile d'obtenir ainsi une réduction de 6 kg en moyenne sur une silhouette complètement remodelée. Le résultat n'en est que plus spectaculaire.

Faire réaliser une lipo-aspiration est souvent très incitatif pour continuer un régime car c'est souvent une nouvelle aide, très précieuse, pour reprendre courage. En effet, la lipo-aspiration sert à perdre des amas graisseux dans des endroits difficiles sur lesquels le régime est en général très peu efficace (culotte de cheval par exemple). Ainsi, dès que la patiente commence à voir sa nouvelle silhouette, elle a très envie de bonifier son résultat en surveillant son alimentation.

À quels endroits peut-on faire une lipo-aspiration ?

Les zones sont très variées et les volumes retirés sont très différents suivant les zones.

Au niveau du visage, les joues et la région sous-mentonnière et cervicale peuvent être intéressantes en cas de faciès trop « rond ».

Les seins sont une zone très demandée par les hommes chez qui on associe souvent une lipo-aspiration de l'abdomen et des hanches. Chez les femmes on aspire les prolongements axillaires antérieurs, au-dessus des seins, qui peuvent gêner au niveau du soutien-gorge ainsi que les prolongements sous-mammaires externes. Cette aspiration est notamment réalisée lors de plastie mammaire pour diminuer la longueur de la cicatrice et permettre une résection de ces bourrelets qui prolongent la poitrine latéralement.

Les hanches (poignées d'amour) sont une zone classique mais l'on s'étend souvent vers le haut et parfois dans le dos.

Au niveau de l'abdomen, sont aspirées les zones sus-ombilicales et sous-ombilicales en tenant bien compte de l'aspect cutané.

La cuisse est souvent traitée dans sa globalité avec sa partie externe (culotte de cheval avec souvent le bourrelet sous-fessier), antérieure et interne. Le genou est également aspiré au niveau de sa face interne en remontant souvent au-dessus et au-dessous de la rotule.

Le mollet et la cheville sont des zones beaucoup plus délicates. Les trois muscles du mollet sont prépondérants dans la masse de la jambe et ne peuvent être aspirés. L'excédent graisseux est souvent beaucoup plus réduit que les patientes ne le pensent. La cheville est une zone anatomique relativement fragile qui nécessite une bonne connaissance de la part du chirurgien et une certaine prudence dans l'indication.

Quelles sont les suites opératoires ?

Dans les suites immédiates, il n'existe souvent pas de douleurs car l'anesthésie locorégionale fait en général effet plusieurs heures. Il est donc facile par la suite de prévenir l'apparition d'une douleur plutôt que de la contrer au réveil d'une anesthésie générale. La gaine est mise en postopératoire immédiat. Celle-ci doit être serrée mais relativement confortable sauf au niveau des mollets et de la cheville où la contention doit être plus forte. La longueur de la gaine est adaptée aux zones aspirées (il existe des gaines qui remontent plus ou moins haut et qui descendent plus ou moins bas). La gaine est retirée tous les jours pour permettre de se doucher ou d'aller aux toilettes.

Il existe, la première nuit, des écoulements liquides ou sanguins notamment dus à une certaine élimination de tout le sérum physiologique injecté. Dès le lendemain, il apparaît des douleurs à l'effort de type courbature. Dès que la patiente arrête de bouger, cette douleur disparaît. Elle est donc facile à gérer. Sur une échelle de la douleur graduée entre 0 et 10, on l'évalue autour de 2 à 2,5 pour la culotte de cheval et l'abdomen mais à 3 pour les hanches et la face interne des cuisses et des genoux.

Les ecchymoses apparaissent vers la quarante-huitième heure et disparaissent vers le vingt et unième jour.

L'œdème apparaît dès le premier jour et persiste jusqu'à trois mois. Néanmoins, dès la troisième semaine, on constate 70 % de la fonte de cet œdème. Le résultat ne fait donc que se bonifier avec le temps.

Entre la troisième semaine et le deuxième mois peuvent apparaître des zones fibreuses à la palpation profonde. Des massages avec une crème anti-inflammatoire et parfois la reprise du sport vont permettre de les éliminer plus rapidement.

Si l'on reprend du poids, qu'en est-il de la lipo-aspiration ?

Si celle-ci est limitée à quelques kilos, la lipo-aspiration ne souffrira pas de cette reprise de poids. En effet, dès que la patiente reperdra le poids accumulé, elle récupérera le bénéfice de son intervention. Les quelques kilos pris auront tendance à ne pas se remettre dans les zones aspirées mais plutôt ailleurs. En effet, la lipo-aspiration va désorganiser le tissu graisseux et il lui sera moins facile de se recréer.

Par contre, si la patiente prend plus de 10 à 15 % de sa masse corporelle, le résultat risque d'être définitivement compromis. En effet, la division cellulaire des adipocytes va reprendre et même les zones aspirées vont regrossir. Cette division cellulaire n'a théoriquement lieu que chez le nourrisson et à l'adolescence. Aux autres époques de la vie, quant on grossit c'est plutôt chaque cellule graisseuse (l'adipocyte) qui va se charger de vacuoles graisseuses et augmenter de volume (et non de nombre).

En tout état de cause, la lipo-aspiration doit donc être réalisée de préférence chez des patients dont le poids est stable et la prise de conscience certaine.

Des autres méthodes « ultrashape, mésothérapie... », que peut-on attendre ?

De nombreuses techniques ont été développées pour lutter contre la surcharge graisseuse. La plus logique et la plus répandue reste, bien sûr, l'ablation directe de ces excédents graisseux qui sont complètement éliminés par un aspirateur. Néanmoins, des techniques externes se sont récemment développées. La méthode Ultrashape utilise des ultrasons qui pénètrent sur une profondeur de 1,5 cm. Elle n'est possible que sur les zones éloignées de l'os, en traitant de préférence l'abdomen sous-ombilical et les hanches (poignées d'amour). Cette intervention nécessite plusieurs séances et reste relativement douloureuse. Elle n'a actuellement que deux ans de recul et il est encore difficile de connaître avec précision son efficacité.

Les méthodes d'injection de produit hypo-osmolaire se sont avérées dangereuses avec des risques de nécrose graisseuse ou cutanée. En l'état actuel des techniques, elles sont plutôt déconseillées.

L'utilisation de laser en sous-cutané pour détruire les adipocytes est une technique qui nécessite d'être pratiquée par un chirurgien en bloc opératoire. Elle est encore trop nouvelle pour l'évaluer vraiment. Se pose quand même le problème du devenir de l'élimination des déchets huileux (notamment au niveau du foie...).

Actuellement, la lipo-aspiration reste donc, de très loin, la technique idéale de remodelage d'une silhouette.

Table des matières